BASS FISHING

バスフィッシング with ボートの教科書

成田 紀明

with BOAT

Go Fishing!　成田 紀明

僕がバスフィッシングにのめり込んだのは中学から高校に進んだタイミングだった。そのときから、すでにオカッパリではなく「レンタルボートでバスを捜す」世界にどっぷりと浸かってしまった。

当時はほとんど情報のなかった霞ヶ浦へ毎週のように通っていた。当たり前のように釣れていた桜川では満足できず、若かった小僧は本湖の広い水面に興味を持つようになる。自分のボートを手に入れたのは高校2年生。勉強なんてしたこともない僕だったが、免許を取るための勉強と実技のイメージトレーニングだけは必死でやった。

「船舶免許」は嬉しい資格だ。ボートに興味のない人には「ふぅ～ん」「あっそ」と反応は薄かったけれど、自分の手に入れた権利だけで夢は膨らんだ。やがて14フィートのアルミボートを購入。しかしエンジンを買うまでのお金はなく、12Vのフットコンエレキで僕のボートライフは始まった。

そんな僕に、お店のエンジンを貸してくれたのが土浦にあるマルトボートの親父さん。飛べない鳥に羽をくれた神様のような人だった。こうして、広い湖を動き回って「バスを捜す釣り」を体感できる条件が整った。

ボートから見る湖、沼、川の景色は、陸上からとはまるで違う。たとえば国道の橋の下でボートを浮かべていると、信号待ちをしているドライバーの多くがこっちを見下ろしてくる。釣りをしない人にとっても、日常からかけ離れた場所にいるボートを見ると「おっ、いいなぁ」と感じるのだろう。僕たちがそんな世界を体験できるのも、バスフィッシングを始めたから、そしてボートに乗ることを選んだから。ボートがあっても普段の生活になんら貢献するわけではないし、自己満足のための遊びのアイテムにすぎない。それでも――。

たくさん釣れなくてもいい。大型が出なくてもいい。眠たくなったら橋桁や木の陰に入って昼寝をしてもいい。オカッパリだと根掛かりする場所を、好きなルアーで思う存分ねらえる。夕暮れどき、ボートのうえで片付けをしていると一日が恋しくなって、またすぐに来たくなる。

こんな贅沢な世界が、あなたを待っている。ボートに乗るだけでバスフィッシングの世界観はまるで変わる。それをあと押ししたくて、この本を書きました。キャプテンになるには、一歩を踏み出すだけでいい。

おりきさわ

#05 エンジンでGO！ 94

#06 マイボートの世界へ 116

●構成　水藤友基
●BOOKデザイン　唐木潤
●イラスト　廣田雅之

RENTAL BOAT

#01 おためし！レンタルボート体験

免許がなくても乗れる「2馬力ボート」

オカッパリからのステップアップ

ボートに乗って、バスを釣る。

今までオカッパリだけでバスを釣っていた人にとって、これはけっこうハードルが高い行為だと思う。お金がかかる、準備や手続きがめんどうくさい、というイメージがあるかもしれない。

そんな人は、まず「レンタルボート」を借りてみてほしい。これならいきなりボートを買う必要はないし、エレキ（＝エレクトリックモーター）や魚探などの道具も借りることができる。準備するものはオカッパリとほぼ同じ。公園の池で手漕ぎボートを借りるのと同じくらい、手軽にスタートできるのだ。

レンタルボートのなかでも、馬力の大きなエレキやエンジンが装着されているものは船舶免許がないと利用できない。だけど動力の小さなボートのなかには、免許がなくても乗れるタイプのものがある。

これは「2馬力ボート」とか「免許不要艇」と呼ばれているもので、オカッパリからのステップアップとして人気が高い。料金はフィールドによって違うけれど、エレキとのセットで1日7000〜8000円くらいだ。

2馬力ボート
エンジン＋エレキの出力が2馬力以下(1.5kw未満）で、長さが3m未満のボートは船舶免許を取得しなくても操船することができる。ただし扱っていないレンタルボート店もあるので、予約の際に確認しよう

これまでタダ(＝オカッパリ)で釣りをしていたのと比べれば、ちょっと高いなぁと感じる人もいるだろう。でも、たとえば1500円のルアーを何個も根掛かりしたとして、ボートならほとんど回収できる。一方オカッパリは……と考えれば、出費はトータルで同じくらいになるはずだ。

友だちとふたり乗りすれば4000円前後ですむし、まずはだまされたと思って借りてみてほしい(ちなみに免許とエレキを持っていれば1艇3000円程度で借りられるけど、それは後ほど)。

フィールドを決めて、ボートを予約

まずは、2馬力ボートを利用できるフィールドを捜そう。ネットで「レンタルボート　免許不要」などと検索すれば見つかるはず。レンタルボートが盛んなのは関東地方で、亀山湖、笹川湖、相模湖、新利根川などに2馬力ボートのレンタルがある。わからなければ直接ボート屋さんに電話してみよう。関西でも琵琶湖などでは2馬力ボートを借りられるが、フィールドが広大なのでエリア制限があることも。

フィールドが決まったら、電話して予約を入れる。ボート屋さんは朝が早いお仕事なので、連絡は日中にすること。予約なしで行ってOKな場合もあるが、天候によって休業したり、トーナメントで貸し切りになっていたりすること

僕がボートでのバス釣りを覚えたのはココ、霞ヶ浦のマルトボートさん。レンタルボートの少ないカスミ水系では貴重なお店だ
● マルトボート
茨城県土浦市港町3-19-3　☎ 0298-22-1023

もあるので、あらかじめ押さえておくほうがスムーズ。予約と同時に、最近の釣果やヒットルアーを聞けるというメリットもある。

営業時間はたいてい日の出～日没前になっている。つまりシーズンによって変動があるわけだ。遅く行くぶんには問題ないが、到着するのが早すぎると早朝なので近所迷惑になることも。

僕が高校生のころ、霞ヶ浦のマルトボートさんに通っていたときの話。1分でも早く釣りがしたいから「店のおじさんを起こせばスタートできる」と思って、外でペチャクチャしゃべっていたら、起きてくれたけど怒られた（笑）。よい子の皆さんは真似しないように……。開始時間の15～30分前に着くのがちょうどいい。

持ち物確認！

ボートだからといって、何か特別な装備が必要になるわけではない。オカッパリに行くときと同じノリで、タックルだけ持っていけばほぼオッケーだ。

ライフジャケット（救命胴衣）はもちろん絶対に着用しなければいけないアイテムだが、これも最初はボート店で借りればいい。何度も通うようになれば自然と欲しくなるだろう（ライフジャケットについては、33ページで詳しく紹介している）。

群馬県の榛名湖はエレキ＆エンジン船が禁止なので、手漕ぎまたは足漕ぎ（フットターボ）をレンタルできる。もちろんこれも船舶免許は不要

ボートの上は陸上よりも意外と寒い。これは冬の格好だけど、たとえ夏の快晴の日でもレインウェアだけは持っていったほうがいい

そのほか、あったほうがいいものの代表格はカッパだ。オカッパリと違って、ボートでは急に雨が降ってきても逃げる場所があまりない。暖かいシーズンだとしても、ボートの上は風がモロに当たるので意外と寒い。

ウインドブレーカーや薄手のジャンパーでもいいが、濡れると身体が冷えてしまうので、おすすめはゴアテックスなどを使ったレインウェア。たとえ真夏の炎天下でも、僕はかならずボートに積むことにしている。

それからもうひとつ、「絶対に中身が濡れない容れ物」があるといい。

防水性のあるバッグやバッカン、大きめのタックルケースやクーラーボックス、忘れたときはコンビニに売っているゴミ袋でもいい。これに携帯電話・財布・車のカギなど、水に濡れたり落としたりすると困るものを入れておく。万が一、ボートの上で土砂降りになったときも、これさえあれば心強い。座っても大丈夫なタイプなら、椅子代わりに使えて便利だ。

わからないことはボート屋さんに聞こう

さて、レンタルボート店に到着したらまずは受付だ。

常連客が多いフィールドでは、受付をする前から自分でボートを選んでセッティングしている人がいるかもしれない。だけどあくまで他人の持ち物を借りるわけだから、まずは受付をして、料金を払って、どのボートを使えばいい

ボートのトラブルで意外と多いのが、準備中の転倒や落水。荷物を持って乗り込むときは要注意!

「絶対に中身が濡れない容れ物」の例。防水バッグでもいいし、箱状のものは椅子の代わりに使えるぞ

かお店の人に確認しよう。乗船名簿に名前や電話番号などを書くこともある。

2馬力ボートの場合は、エレキのセッティングも含めてお店の人がやってくれることが多い。もしくは「ボートに乗るのは初めてなんです」と話せば、いろいろと教えてくれるはず。

エレキの操作方法をはじめとして、わからないことがあればとにかく聞く！ 釣りにかぎらず、これが上達へのいちばんの近道だと思う。ちょっと恥ずかしいかもしれないが、知ったかぶりせずに、正しい知識とやり方を教えてもらうクセをつけたほうが絶対にトクだ。何年もボートで釣りをしているのに、係留するロープの結び方さえ知らない人、けっこういますよね。

ボートに乗り移るときは、できればへさき（先端部分）を避けて、横か後方から乗ったほうが安全。先端がいちばん不安定だからだ。フィールドによっては先端から桟橋につけてあるので、そのときはボートがぐらつかないようにゆっくりと乗り込む。もちろん、飛び乗るなんてもってのほかだ。

ふたりで行ったときは、相手にボートを押さえてもらって乗るといい。荷物を積み込む際も、ひとりがボート、もうひとりは桟橋に残って受け渡すと安全にできる。

雨が降っているときはボート内に水が溜まってしまう。これをかき出すための「あかくみ」がないと思いのほか困ることに

荷物はどこに置けばいい?

オカッパリだと身軽に歩けるようにウエストポーチを身につけて、そこにルアーなどを入れている人もいると思う。しかしボートでは、そのスタイルはオススメできない。

身体につけるのはライフジャケットだけにして、ロッド以外はボート上に置くこと。ウエストポーチやジーパンのポケットに携帯電話を入れていて、もしも落水したら……わかりますよね?

船上は思ったより不安定で、大げさにいうとバランスボールに乗っているようなものだから、できるだけ身軽で動きやすい状態にしておく。特にふたりで乗っているときは要注意。自分が「おっとっと!」となってボートがグラつき、同乗者を落っことしたら最悪だ。

なので、荷物の置き方もバランスよく、ボートが安定している状態を保つように工夫する。ボートの中心線に沿ってタックルボックスなどの荷物を置き、左右どちらかにロッドを置く、というのが基本的なスタイル。人数や荷物の量にもよるが、乗った状態でボートが水平になるのが理想的な状態だ。

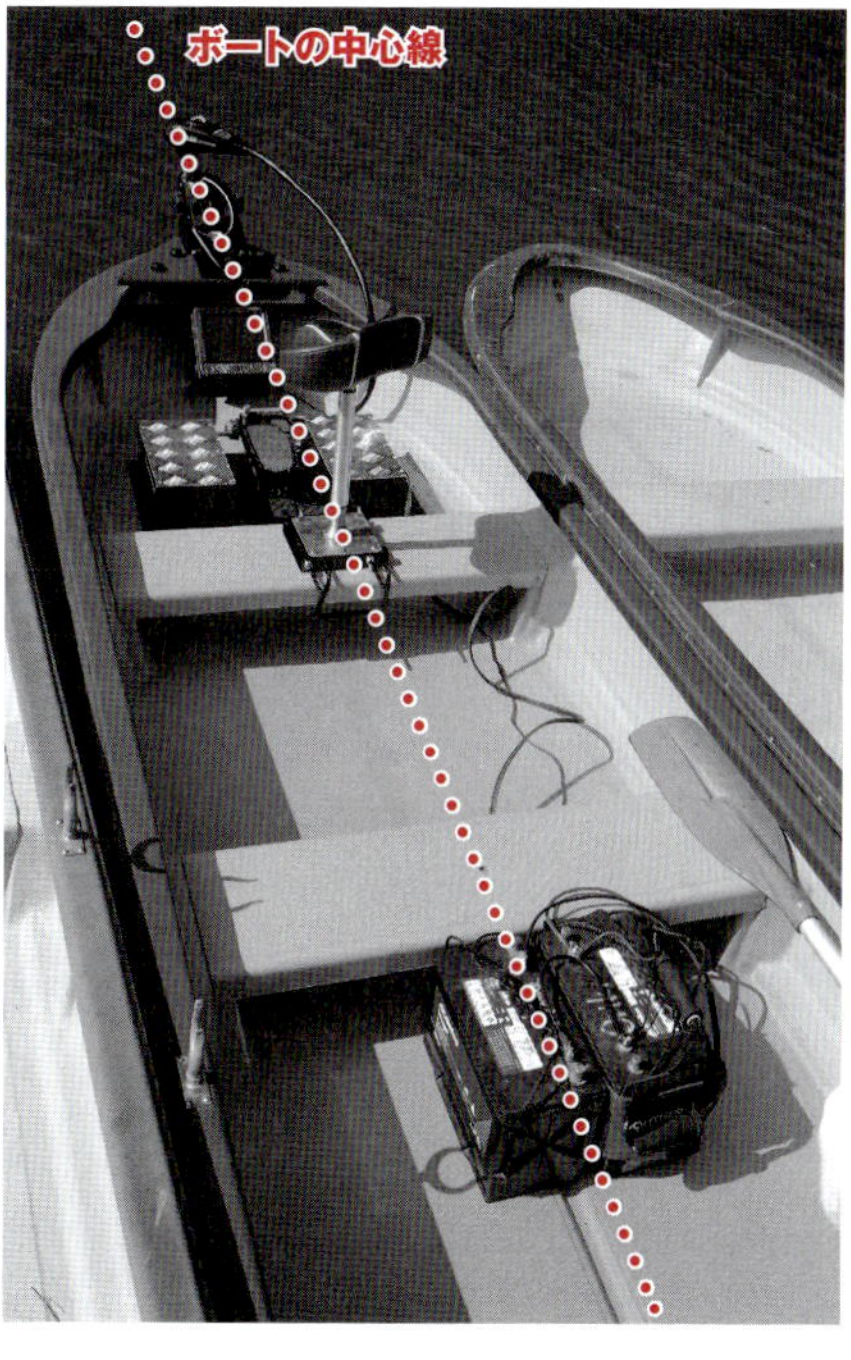

バッテリーなどの重たいものはボートの中心線上に置くのが基本。荷物はできるかぎり減らしたほうが足元のスペースが広くなって釣りがしやすい

エレクトリックモーターの基本操作

大半の2馬力ボートは、先端に「フットコン」と呼ばれるエレクトリックモーター（以下、エレキ）がついている。「エレキ」とは、その名のとおり電気で動くモーターのこと。スイッチを入れると水中のペラが回転して、ボートを前後左右に動かすことができる。

手で操作する「ハンドコン」のエレキに対して、足でペダルを踏むのがフットコントロールタイプ、すなわち「フットコン」のエレキ。バス釣りでは、ボートで移動しながらキャストしたりルアーを操作したりするほうが便利なので、両手が自由になるフットコンタイプが主流だ。したがって、この本では「エレキ」と書いてあればすべて「フットコンタイプのエレキ」のことである。

エレキの操作は、基本的にふたつの動作から成り立っている。

ひとつは「スイッチを踏んで押す」。もうひとつは「フットペダルを前後に傾ける」。

まず、フットペダルに足を乗せてみよう。モーターガイド製のエレキの場合、ペダルの右前方にスイッチがある。右足を乗せると、スイッチはちょうど小指の付け根あたりに来る。

これを靴の裏で踏むとスイッチがＯＮになってペラが回転し、離すと止まる。スイッチによるペラの動作はＯＮ／ＯＦＦだけで、逆回転はしない。

エレキのスイッチ（右上の白い部分。位置や形状はメーカーによって異なる）。これを踏むとペラが回ってボートが動く。左上のダイヤルはペラの回転速度を変えるためのもの

ただし回転のスピードは、フットペダルの側面にあるダイヤルで変更することができる。ダイヤルを前方に回すとスピードが速くなり、手前に回すと遅くなる。

また、ダイヤルをゼロに合わせるか、メインスイッチをOFFにした状態だと、スイッチを踏んでもペラが回転しない。荷物の積み降ろし中などはペラが回ると危険なので、この状態にしておこう。

さて、もうひとつの動作はフットペダルだ。

足を置いて体重をかけると、ペダルはシーソーのように前方に傾く。このとき、エレキのシャフトはイラストのように回転して、方向が変わる。つまりフットペダルを前後に傾けることが、エレキの「舵」の役割を果たしているわけだ。ペダルを傾けると、ヘッド部分に書かれた矢印がグルグル回転して、ペラの向き＝船の進行方向を教えてくれる。

まとめると、エレキの操作は「フットペダルに足を乗せて／前後に傾けて方向を決めながら／足の裏でスイッチを押して進む」ということ。

エレキの進行方向とフットペダル

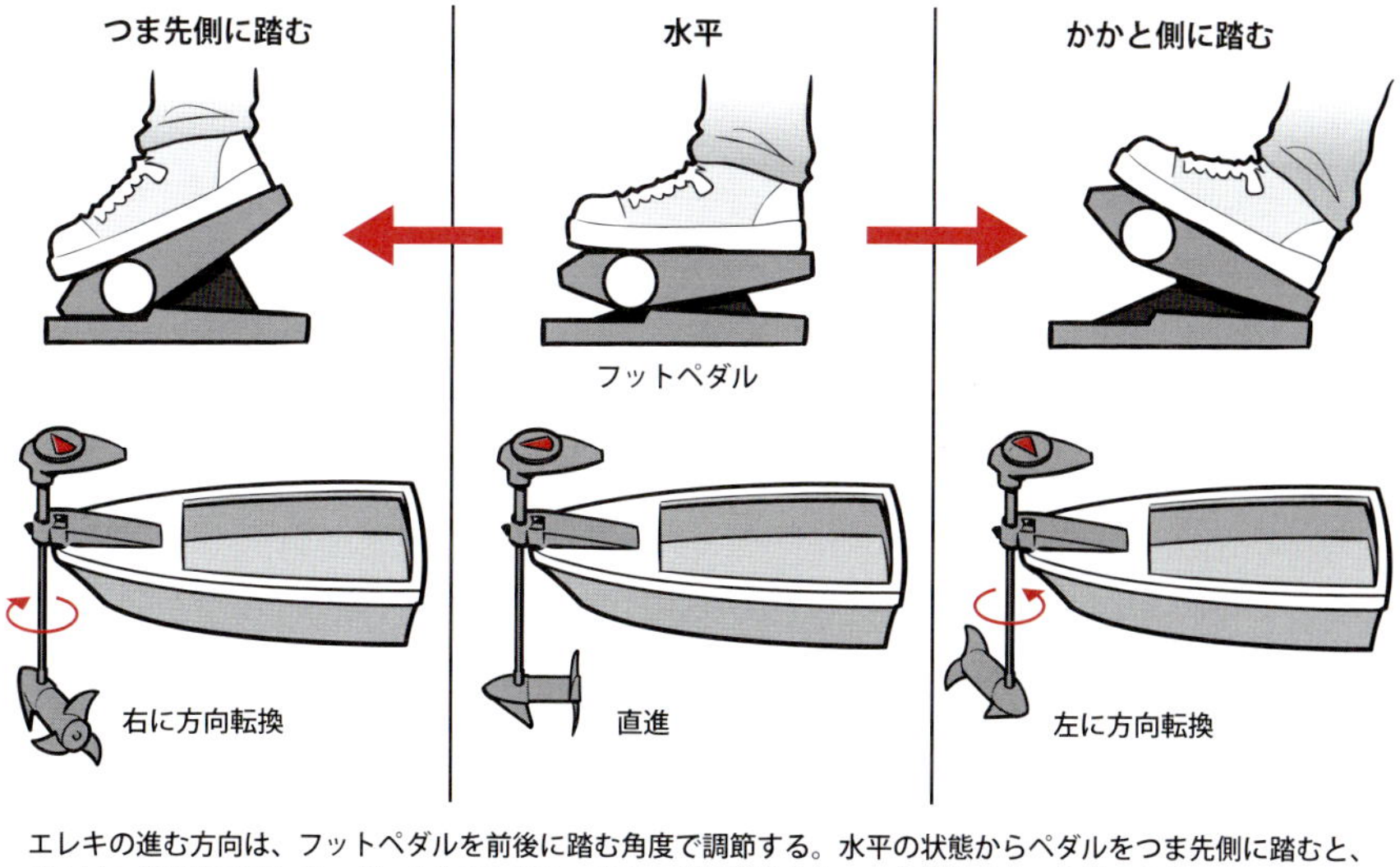

エレキの進む方向は、フットペダルを前後に踏む角度で調節する。水平の状態からペダルをつま先側に踏むと、シャフトが右に回転して、ボートも右方向へ。かかと側に踏むと左へ方向転換することができる

文章だけではわかりづらいと思うけど、前進や後退だけならすぐにできるようになるので安心してほしい。自転車の乗り方を覚えるより百万倍くらいカンタンだ。
とはいえ、思いどおりに操船できるかどうかは、また別の話。それは54ページ以降で詳しく説明します。

フットペダルを前後に踏むことで、エレキの進む方向が変化する。車でいうとハンドルのようなもの。ヘッド部分の矢印が現在のペラの向きを教えてくれる

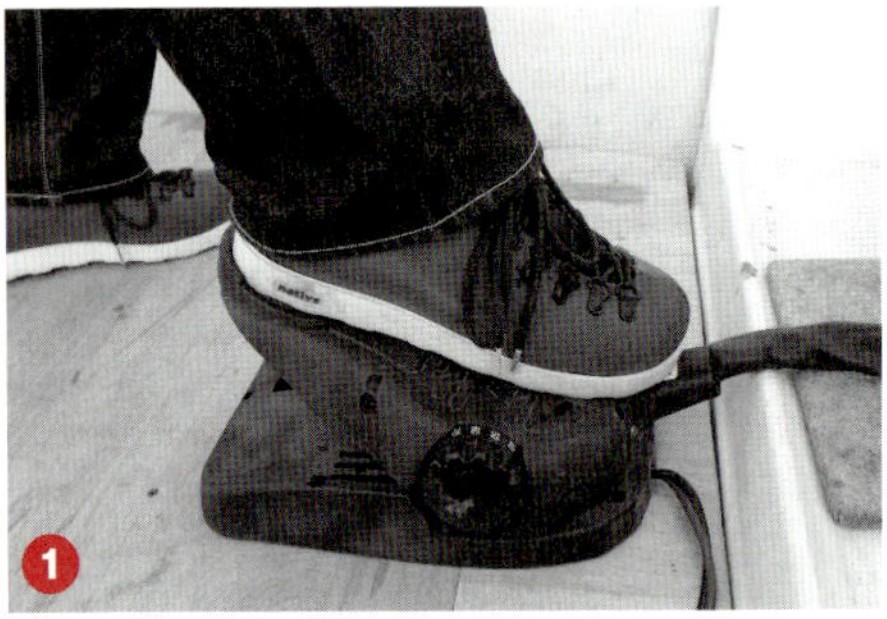

右を向きたい場合→ペダルを爪先側に踏む

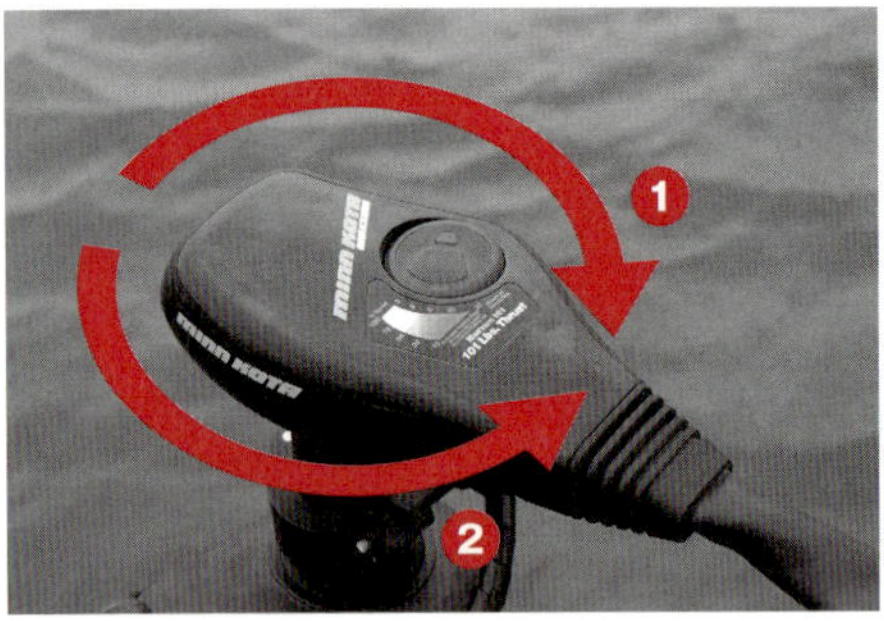

↑エレキのヘッド部分

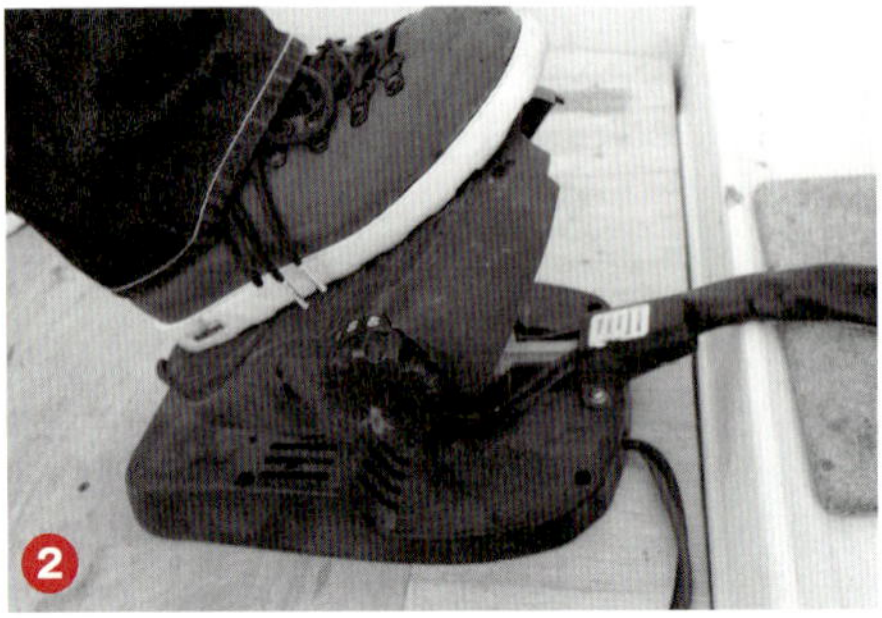

左を向きたい場合→ペダルをかかと側に踏む

A DAY WITH RENTAL BOAT

行ってみようやってみよう レンタルボート1日体験!

関東にはレンタルボートを利用できるフィールドが多い。
なかでも、千葉の亀山湖には7軒ものお店があり、
レンタルボートアングラーのメッカ的な存在。
ボートを借りる手順やセッティングなど、順を追って見ていこう。

※このコーナーでは、係留中のボート上の作業ではライフジャケットを着用していません。釣りに出るときは忘れずに!

前日までの準備

ボートの予約

電話、またはネット予約で。
前日のお昼までにすませよう！

天気予報のチェック

雨よりも心配なのは「風」。
不安なときはボート屋さんに相談！

荷物の準備

出発の朝に用意するのはたいへん、
前の晩にやっておこう

ルートの確認

初めての釣り場に行くなら道筋を確かめておく。
最寄りのコンビニも要チェック

早めに就寝

寝不足で運転＆釣りをするのは危険
（特に帰り道）。
寝る子は釣れる!?

レンタルボート店に到着!

亀山湖・おりきさわボートの場合

ボート屋さんの営業開始時間は
シーズンによって変動することがほとんど。
だいたい夜明け前後にオープンすることが多い。
まずは受付をすませてから、準備に取りかかろう。

◎取材協力＝おりきさわボート
千葉県君津市折木沢708　☎ 0439-70-7025
http://www.orikisawa.com/

1
おはようございまーす

まずは受付で借りるボートを選んで料金を支払おう。入漁料(遊漁料)が必要な場合もある。よく知らないフィールドでは、危険な場所や禁止箇所もしっかり確認しておくこと

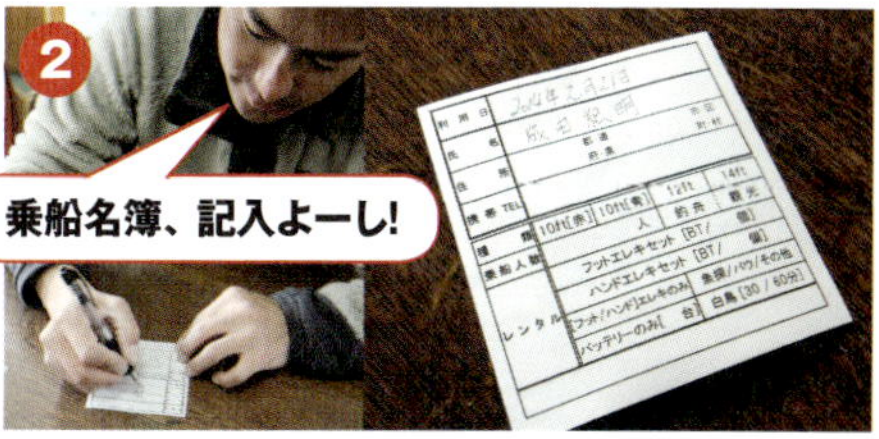

2
乗船名簿、記入よーし!

緊急の際にも連絡が取れるように、カードやノートに自分の情報を書くシステムになっているお店が多い。釣りに行くときは自分の家族にも行き先・連絡先を伝えておいたほうがいいかもね

3
ボートを選ぶ
料金表
10ft
12ft
14ft

おりきさわボートの場合、ひとり乗りで3000円程度、2～3人で1艇に乗ると割安になる。エレキや魚探をレンタルする場合はそのぶんの代金が必要だ

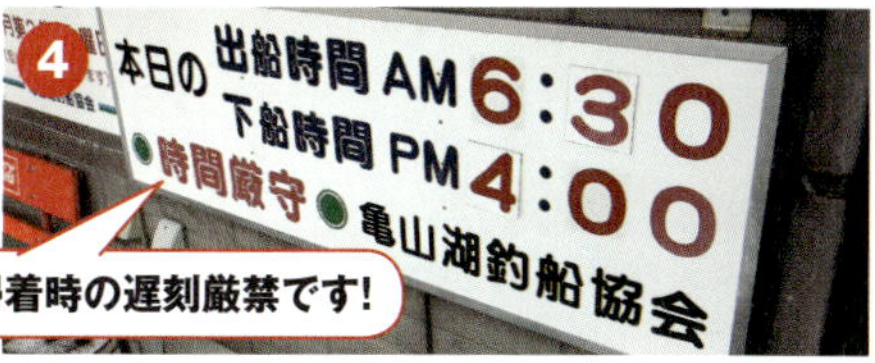

4
本日の 出船時間 AM 6:30
下船時間 PM 4:00
時間厳守
亀山湖釣船協会
帰着時の遅刻厳禁です!

朝は気が急いてしまいがちだが、夕方の終了時間もスタート前に確かめておこう。うっかりして日が暮れたらたいへんだ。何かあったときのために、ボート店の電話番号も控えておくこと

5
最近どうなの?

フィールドの状況はお店の人が誰よりもよく知っている。いろんなお客さんの釣果情報が入ってきて、全体的な傾向を把握しているのだ。特に亀山湖の場合、エレキ限定なので1日で全域をチェックするのはほぼ不可能。「上流が釣れているのか、本湖がいいのか」など、大まかなエリアだけでも聞いておく

6
荷物を運ぶぞ!

受付を済ませたら荷物を下ろしてボートへ。エレキやバッテリーは重いから、駐車場が遠い場合、車をいったん桟橋の近くまで移動したほうがラクチンだ。急峻な地形の多い亀山湖では荷物用のカートが用意されている

次はボートの
セッティングだよ

ボートのサイズの選び方

エレキで使用するボートのサイズは
免許が不要な10フィートクラスから
12&14フィートの3種類がオーソドックスだ。
基本的に、小さいほうが軽くて
スピードが出るが不安定。
大きくなればなるほど安定性が増し
人数が増えても安心だが
重くて水の抵抗が増えるのでスピードは遅くなる。
どれを選んでいいかわからなければ
ボート屋さんに相談してみよう

料金表
10ft
12ft
14ft
おりきさわボートには約6種類ものバリエーションがある。かなり多い!

14フィート

エレキだけで使用するならこの大きさがMAX。ふたり乗りはもちろん、キャストに気を遣えば3人乗りも可能である。安定性も抜群なので、慣れないうちはあえて大きめのボートを借りるというのもアリ。デメリットとしては、狭い場所で小回りが利かない、エレキの出力が弱いとスピードが出ない、バッテリーが減りやすいなど

エレキ&タックル一式を積み込んだところ。前後にひとりずつ乗っても、まだかなりのスペースが残っていることがわかる。だからといって荷物を積みすぎると、余計にスピードが落ちるので注意!

12フィート

全長約3.6m。小型のアルミボートなどにも多いサイズだが、一般的なレンタルボートは写真のように幅の狭いタイプが主流。スピードを出しやすい反面、横からの波や揺れに弱いのがデメリット。ひとり乗りが推奨されていることも多いので、お店で確認しよう

この12フィートボートにはフットペダルの置き場所が設置されている。ちょっとした工夫だけど、これだけでかなり快適&楽に釣りができる

10フィート

全長約3mのボート。エレキ限定のフィールドで、ひとりで釣りをするなら充分なサイズだ。写真の船はかなり横幅の広いタイプで、安定性も高いため、ふたり乗りも可能だ

身長180cm以上の僕でも、スペースがかなり広々と使えることがわかる。ただし風の強い日やウネリが発生するようなオープンな水域では、ひとり乗りでも少し大きなボートを選んだほうがいいケースも

このボートがスゴイ!

一見、普通の10フィートボートですが……?

僕は普段はバスボートで
釣りをしていて
レンタルを利用する機会はあまりない。
今回、ひさしぶりに
亀山湖を訪れてびっくりしたのは
使いやすいように
開発されたボートの充実度だ。
特に気になったのが
10フィート・ハイデッキ仕様のこいつ！

なんと船の半分以上がハイデッキになったスペシャル仕様！　エレキのマウントも持参不要なのだ

ライブウェルもこのとおり、あらかじめ設置されている。これで大会に出る人も増えたんだとか

フロントには魚探を設置するためのRAM(ラム)マウント、電源ケーブルも。使い勝手は最高だ

こちらはシートポール用の穴。不要な人は外してしまえばデッキを広く使える

さらになんと、デッキの下はストレージ(収納スペース)になっている！　これだけ広いと荷物がほとんど入っちゃいます。船の上がスッキリして釣りがしやすい！

ボートのセッティング① かんたんバージョン

10フィート・ひとり乗りの場合

もっともオーソドックスなスタイル、
ボート+エレキのセッティングを覚えよう

メインの荷物はこれだけ!

マウント+バウデッキ
魚探
バッテリー
エレクトリックモーター

エレクトリックモーター、マウント+バウデッキ、そしてバッテリーの3点セット。どれかひとつでも忘れると釣りができないので注意! 真ん中に魚探も写っているが、これはあってもなくてもOKだ

レンタルでもバスボートでも、荷物を運んだりセッティングをする際はかならず軍手をするのが僕の流儀だ。バスフィッシングは常に「手」を使うものだから、なるべくケガはしたくない

セッティングが完成すると
こうなるよ!

1 ドレンコックを閉める

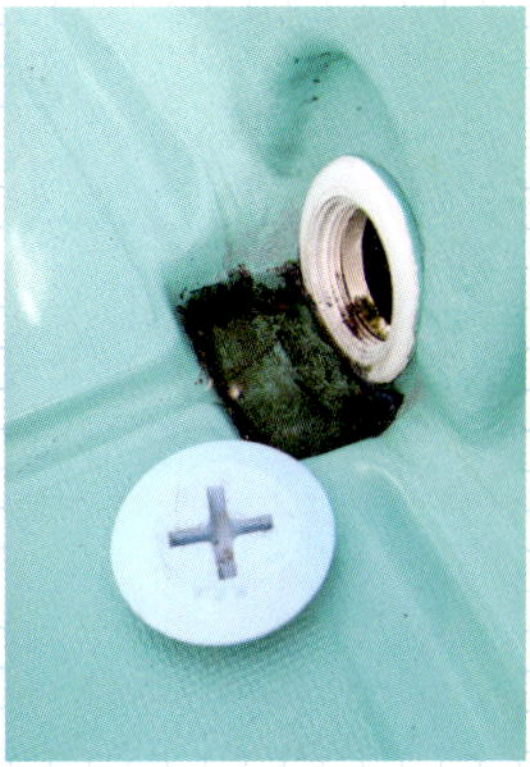

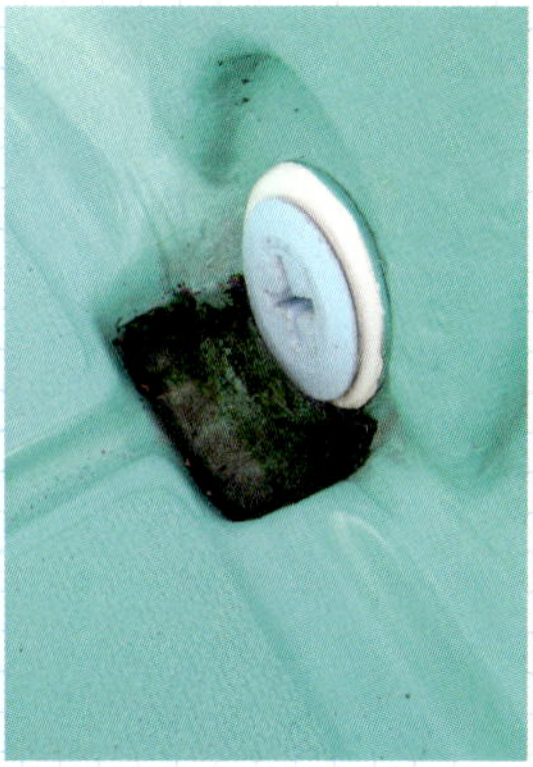

たいていのレンタルボートには、お風呂の排水口のような穴が開いている。桟橋に係留しているあいだに降った雨を排水するためのものだ。空荷なら浸水することはないが、人や荷物を乗せると船底が水びたしになってしまうので、まず最初に栓を閉めておくこと

2 バウデッキをセット

ボートの先端部分にマウントのついたバウデッキを設置する。なお、この写真ではボートの後部が桟橋に係留されているが、お店によっては先端を繋いでいるケースも。その場合は、ほかの荷物を積み込んでから最後にバウデッキ、という順番でもいい。先にセットしてしまうと、ボートに乗り降りしづらくなるからだ

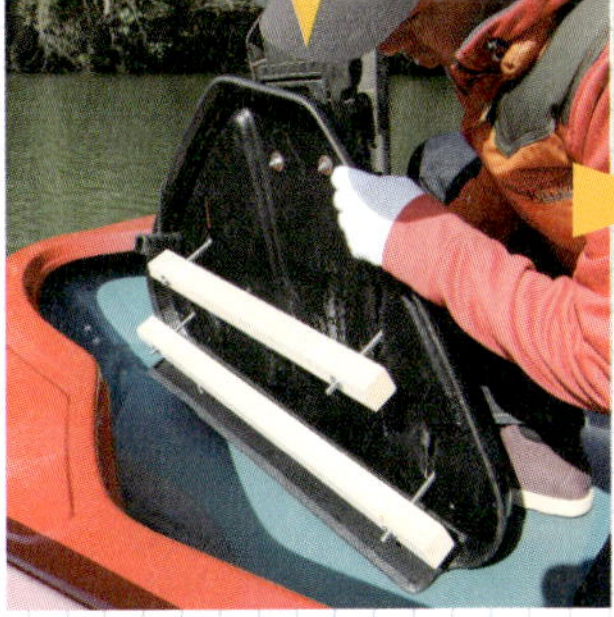

バウデッキの裏側に取り付けられている２本のバー(白い部分。おもに木製)。これをボート前方に差し込み、ボルトを締めて固定する方式だ

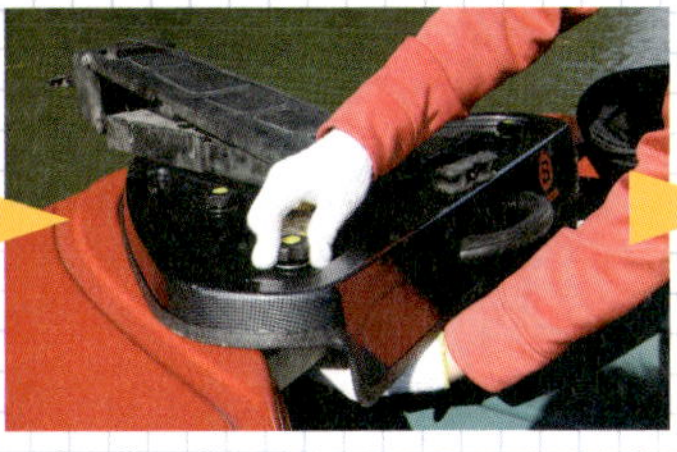

バウデッキを差し込んだところ。いちばん奥(ボート前方)まできっちり押し込んだことを確認してから、ボルトを締める。使っているあいだに緩みやすいので、ガッチリ締め込もう

ガタツキがないか、ボートに対してまっすぐセットできているかを確認

3 エレクトリックモーターの取り付け

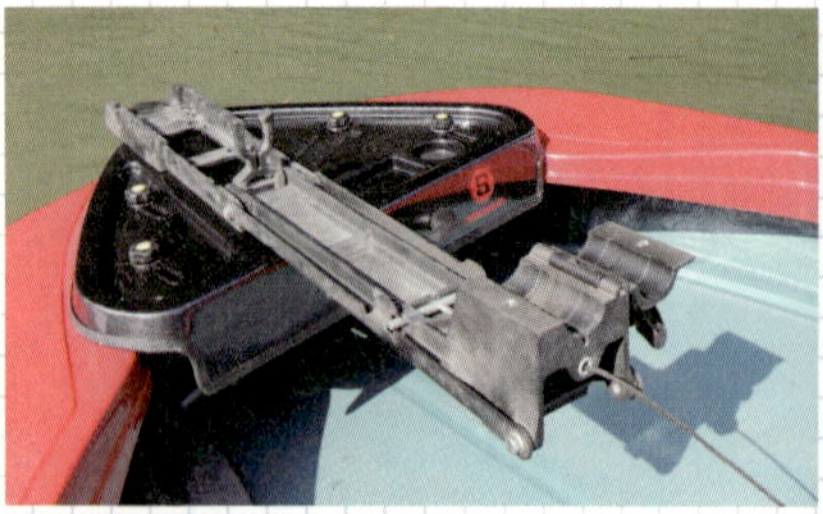

エレキのマウントは「く」の字状に開閉できる構造になっている。マウントについているヒモを引っぱって、写真のように引き上げておく

エレキを運ぶ。ワイヤーを無理に折り曲げたり、負担が掛からないように持つこと

マウントの上に載せる。位置はシャフトの長さによって異なるが、わからなければ適当にセットしてみて、あとでやりなおせばよし。なお、載せるときのペラの方向は気にしなくていい

マウントの凹みにシャフトを載せて、ボルトで締めて固定する。エレキとマウントはこの1ヵ所だけで接続することになるので、確実に締め込むこと。なお、この写真ではヘッドから向こう側にワイヤーが出るようにセットしているが、ワイヤーの曲がりグセによっては逆になることもある

マウントのヒモを引いて、エレキを水中に下ろしてみよう。シャフトを固定する位置によって、ヘッドの位置も変わってくる。写真の状態だと、デッキから30cmほど上に飛び出しているのでキャストしづらいが、ヘッドを下げすぎると今度はペラが浅瀬にぶつかりやすくなる(詳しくは29ページで)

4　バッテリーの接続

エレキのセッティング作業のなかで、いちばん取り扱いに気を遣うのがバッテリーだ。事故のないように注意しよう

バッテリーを持って乗り込む前に、ボートと桟橋との距離をチェック。できるだけ隙間がないように近づけてから乗り移ろう。バッテリーの重さは20kg以上、バランスを崩すと落水の危険アリだ

バッテリーをしっかり持って、ボートに移る。このとき、乗ったはずみでボートが桟橋から離れないように注意。ロープがピン！　と張って急停止してしまい、転倒する人も多いぞ

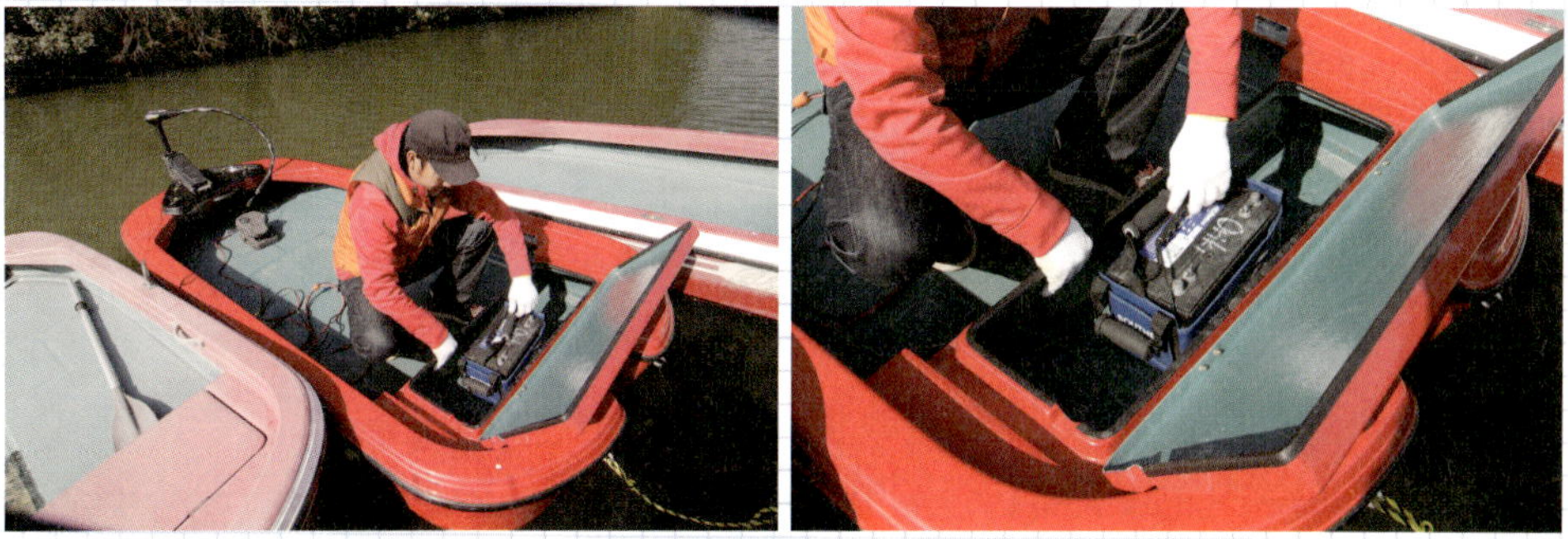

バッテリーの置き場所は荷物の量や人数によって変わってくるが、乗ったときにボートが水平に浮くのが理想。ひとり乗りの場合は「後方・中央」に置けばいいだろう。写真のボートはバッテリーの収納スペースがあるが、なければそのまま船底に置く。ここで紹介しているのはバッテリー1個を使用するケース（エレキの電圧が12V）。2個使う場合は27ページをチェック！

エレキのケーブルはボートの端に沿わせ、釣りの邪魔にならないようにしておく

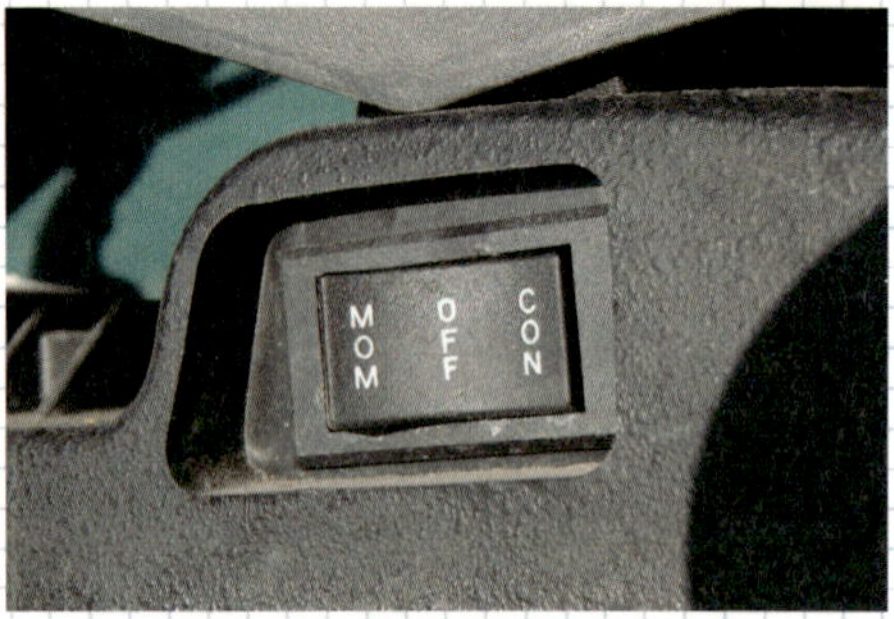

バッテリーにケーブルを繋ぐ前に、エレキのメインスイッチがOFFになっていることを確認！　ONになっていると接続したとたんにボートが動くなど、トラブルの原因になりやすい

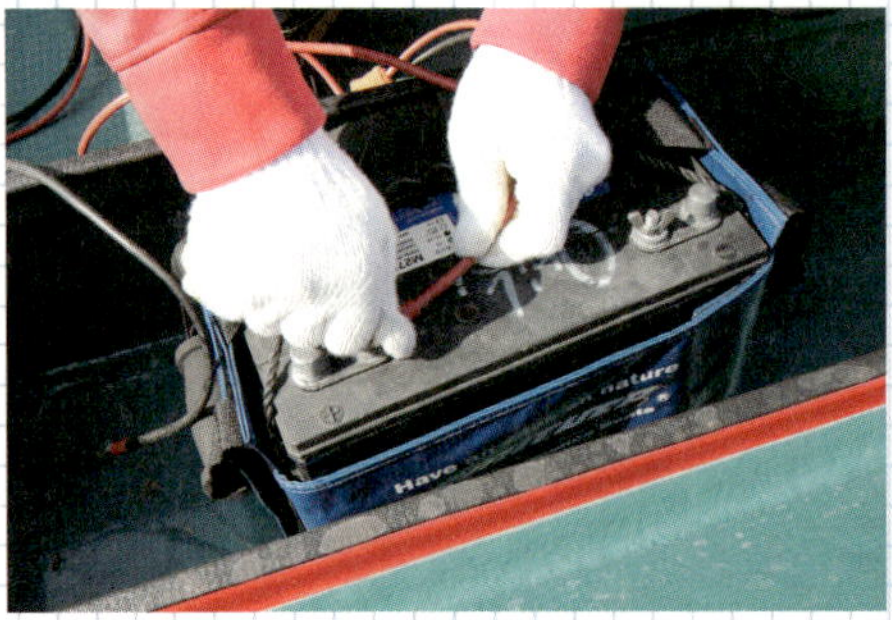

赤いケーブルを「＋」端子に、そして黒いケーブルを「－」端子に接続する。逆に繋いでしまうと故障のおそれあり

5 最後に通電チェック!

エレキのペダルの位置はこんな感じ。左右どちらかにズラしてもいいが、両足で踏むのでセンターにあるほうが僕は使いやすい

エレキのスイッチを入れ、速度を最小にして少しペダルを踏んでみる。ペラが回ればOKだ。まだボートを係留した状態なので、ハイバイパス（最高速度）で踏んだりしないように！

マウントの昇降に使うヒモはバウデッキの上に置いて、いつでもつかめるようにしておく。水中に垂らしておくと障害物に引っかかる恐れアリ！

ボートのセッティング② 本気バージョン

14フィート・ふたり乗りの場合&便利なオプションアイテム

バッテリーを2個使用する24Vのエレキを使った
スタンダードなレンタルボートのセッティングだ。
ボートフィッシングを快適にしてくれる便利なグッズも紹介！

これが14フィートのボート。身長181cmの僕と見比べても充分すぎるほどの広さだ。ふたり乗りなら迷わずこのサイズを選ぼう

今回は「エレキの修理屋さん」(http://www.ereki.net/)から、最新式のエレキグッズ一式を貸してもらった。エレキはショートシャフトモデルで、バウデッキ&マウントも非常にコンパクトなタイプだ

ボートチェア
フットコンマウントダブル
バッテリー2個
マウント+バウデッキ
魚探
エレクトリックモーター

バウデッキやエレキの取り付けは23～24ページと同様に行なう。大きく異なるのがバッテリーの位置だ。船の前後にひとりずつ乗る場合なら、中央付近に置くのがバランスが取れていい

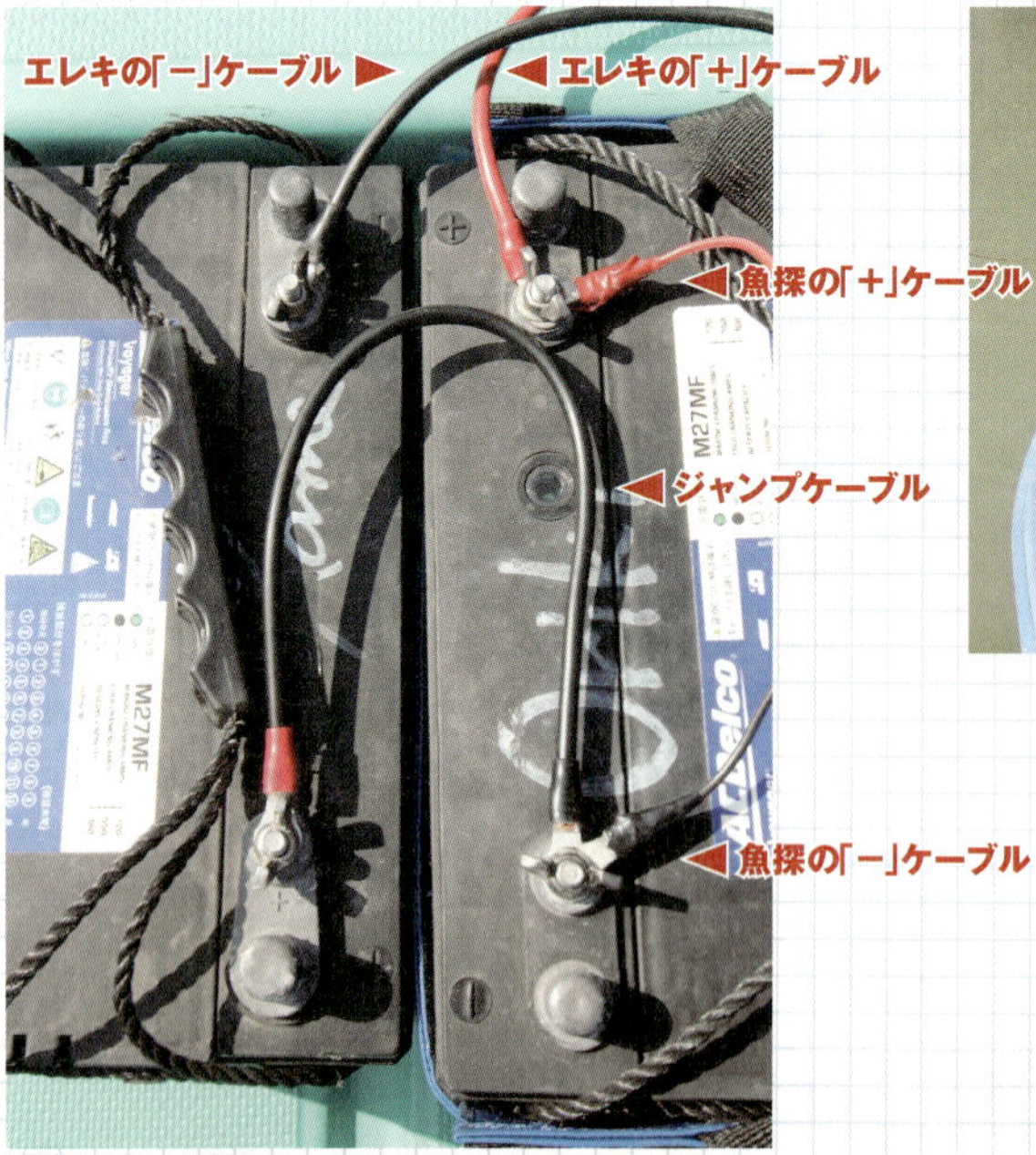
エレキの「－」ケーブル
エレキの「＋」ケーブル
魚探の「＋」ケーブル
ジャンプケーブル
魚探の「－」ケーブル

バッテリーを2個使う場合、お互いを接続するための「ジャンプケーブル」が必要だ。プラスマイナスを間違えないように！　今回は魚探も同じバッテリーから電源を取ったが、魚探専用にひとまわり小さいバッテリーを用意してもいい

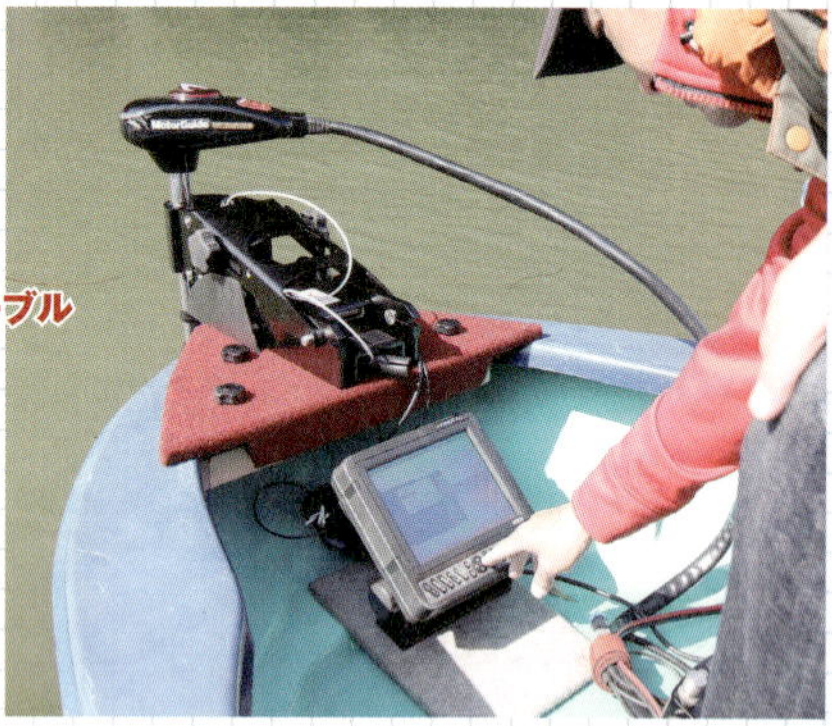

魚探はセンターに設置するのが僕の好み。写真のバウデッキは非常に小型なので、魚探を置いても足元のスペースが広い。ここでは板に固定して船底に置いているが、魚探をバウデッキに設置する方法もある

エレキのヘッドをめいっぱい低い位置まで下げてみた。22～26ページに登場したシャフトの長いエレキでは、ここまで下げてしまうとペラが深くなりすぎてスピードも出ないし、シャローで底を擦ってしまう恐れがある。でも、これはシャフトの短いモデルなので問題ナシ

10～14フィートクラスのレンタルボートでは、シャフトが長いとヘッドが上に飛び出してしまうことが多い。サイドキャストやアンダーキャストがしづらいうえ、ときにはファイトの邪魔になることも。やはりショートタイプのシャフトが有利だ

シャフトの長いエレキの場合

シャフトの短いエレキの場合

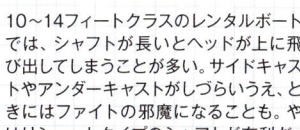

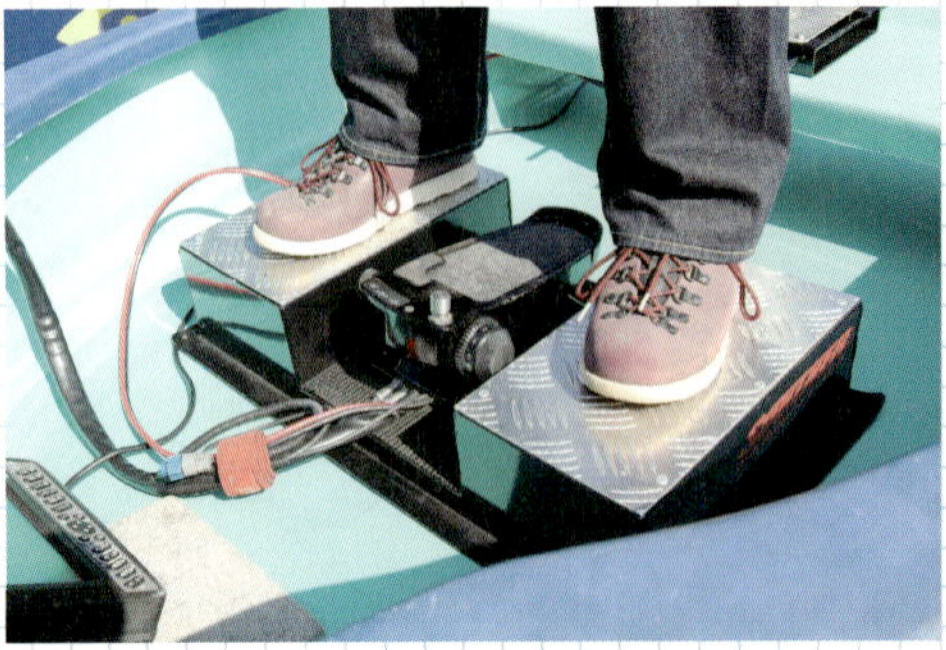

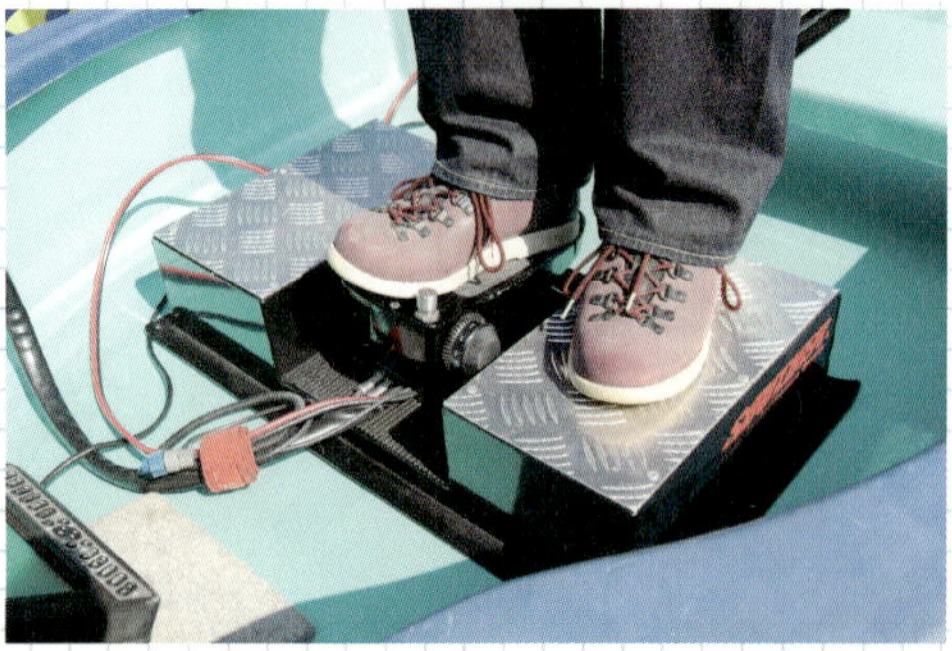

エレキのペダルを踏む姿勢のまま釣りをするのは辛い。片足だけ階段に乗せているようなものだからだ。そこで、フットペダルを一段低くして、床とペダルの高低差をなくすためのアイテムがある。これは「サウザー・フットコンマウントダブル」というもので、さまざまなサイズのレンタルボートに対応。一見どうってことのない工夫だが、1日使ってみると疲労度がかなり違う

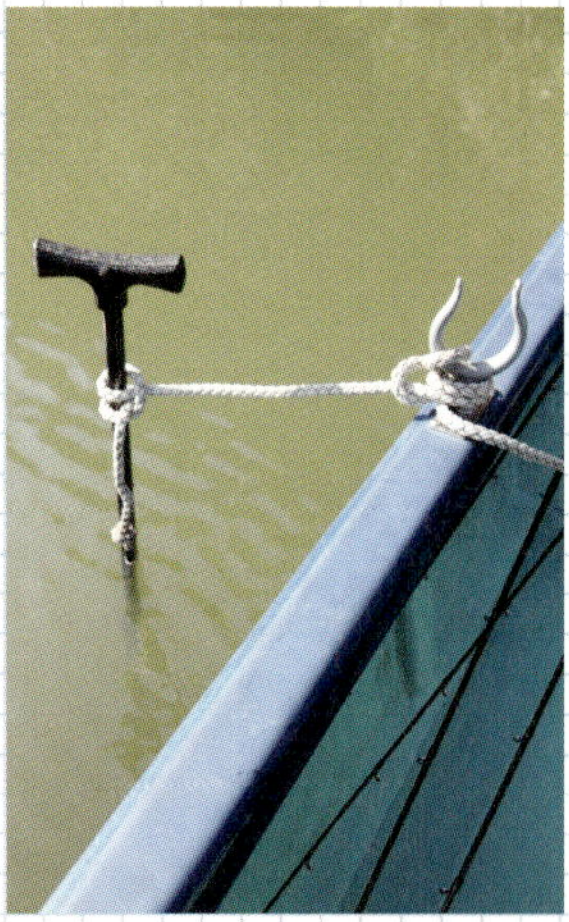

船を任意の場所に止めておきたいとき、バスボートでは「パワーポール」というアイテムを湖底に差して動かなくする。そのレンタルボート版がこの「スティックイット」。使い方はシンプルで、棒を伸ばしてボトムに差し、ボートにしっかりくくりつけておく。風や流れの強い日でも、ルアー交換や休憩がスムーズにできるのだ

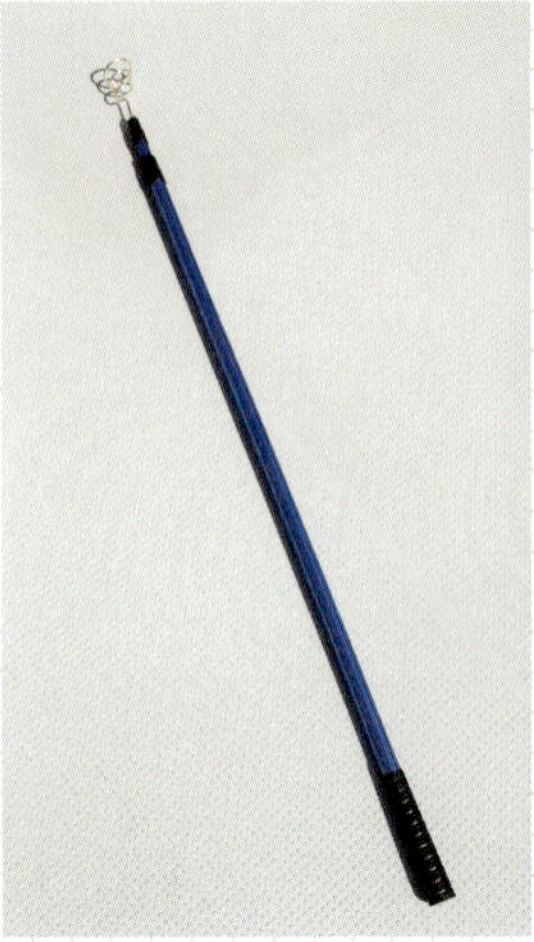

ハードベイトを多用するならぜったいに持っていきたいのが「根掛かり回収器」。いくつか種類があるが、柄の長いものなら水深3～4ｍまで届くアイテムもある。水中だけでなく、手の届かない場所や木の枝に引っ掛けてしまったときにも役に立つ

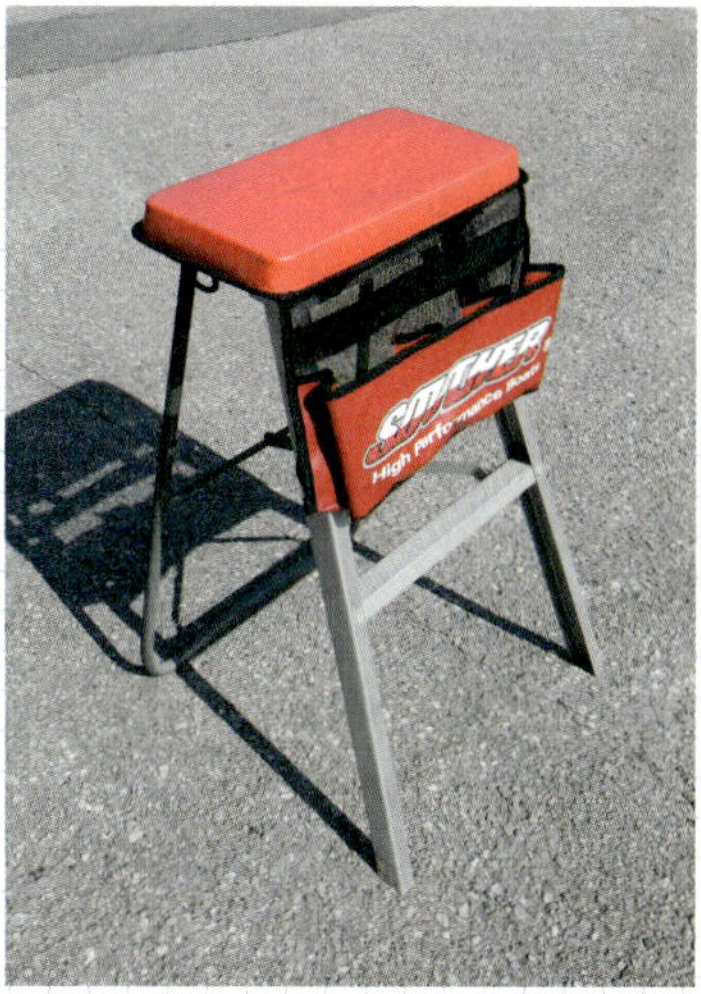

脚立やイスも、たいていのレンタルボートユーザーが持参しているアイテムのひとつ。釣りをしている最中は不要だが、エレキで移動する間は座っていたほうが楽だし、何かにぶつかって急停止したときも落水の危険が減る

船尾にセットして使う「ラダー」。これがあるとボートの直進性がアップする。風があるときなども船尾が左右に煽られにくいので、思いどおりに操船しやすくなる

最後に、レンタルボートに限らず便利なアイテムを紹介しよう。これはサウザーの「バッテリーキャリー」というもの。バッテリーの持ち手を2箇所に増やし、握りやすい形状のグリップにしただけなのだが、それだけで重たいバッテリーを運びやすくなるのだ

レンタルエレキ＋レンタカーのすすめ

エレキをレンタルするときの基本的なセット。バウデッキ、マウント、バッテリー、そしてフットコンのエレキ本体。フィールドやボート店によって値段は異なるが、7000～8000円が相場だろう（エンジン船の場合はもう少し高くなる）

オカッパリアングラーがボートフィッシングを始めようとするとき、大きな障害になるのが「エレキ購入」というステップだ。デッキやバッテリーを含めると、安いものでも10万円前後の予算が必要になるからだ。さらに、エレキを買っても車がなければ持ち運びができないという点もネック。特に、大都市圏に住んでいるとマイカーのない人も多いから、「わざわざボートに乗らなくても……」と思ってしまう気持ちもわかる。

そんな人にオススメしたいのが、エレキのレンタルだ。たとえば亀山湖・おりきさわボートでは「デッキ＋マウント＋フットコンエレキ＋バッテリー＋ボート代＋遊漁料」すべての合計でおよそ7000円。これはひとり乗りの場合で、ふたり乗りならひとり約4000円と割安になる。

レンタカー代が1万円だとしても、ふたりで遊びに行けば、ひとり頭9000円程度でボートフィッシングが始められるわけだ。

毎週のように釣りをしたいなら買ったほうが安いけど、月に1回くらいの頻度なら、こういう「レンタカー＋レンタルエレキ」のスタイルも大いにアリだと思う。

おりきさわボートのご主人、鴇《とき》田正和さん。「最近はレンタカーでやってきてエレキもレンタル、ライジャケも借りるというお客さんが増えてきました。エレキを踏むのも初めてという人には、ひと通り使い方を教えてから出船してもらっています」

ボートで死なないための道具。
―ライフジャケットの話―

浮力体方式・ベストタイプ

ボートで釣りをするようになると、自分のライフジャケットが欲しくなるはずだ。レンタルボート店で貸してくれる、いかにも救命胴衣、って感じのオレンジの浮力体はちょっとカッコ悪い。夏は暑いし、かさばるので動きづらいし、やっぱり自分のものがあったほうがなにかと快適。

バス釣りで使うライフジャケットには、大きく分けて2種類ある。

まずは浮力体の入ったベストタイプ。昔からある形状のものだ。

もうひとつは「インフレータブルタイプ」などと呼ばれるもの。内部に小型のボンベが入っていて、落水時に膨張させて浮力体の役割を果たす。なお、インフレータブルのライフジャケットには肩に掛ける「ベストタイプ」と、腰に巻く「ウエストベルトタイプ」がある。

このなかからどれを選べばいいだろうか？

現在の主流はインフレータブルタイプだ。平常時はコンパクトなので、身につけていても釣りの動作が行ないやすく、夏でも暑苦しくない。

ただしボンベを作動させる方式に2種類あって、ここは注意。落水したときに、自分でヒモを引っぱって膨らませる「手動式」と、水に濡れると勝手にボンベが作動してくれる「自動膨張式」がある。僕のオススメは後者の自動膨張式だ。

そもそも、あなたは水に落っこちたときに冷静にヒモを引っぱれますか？

僕はジェットスキーをやっていたこともあるし、濁った水に飛び込んでも平気なほうだ。でもほとんどのアングラーは水に濡れること自体に抵抗があると思う。いざ落ちると、船に上がろうと必死にあがくか、パニックになるのが普通だろう。だから自動的に膨らんでくれるほうが安心なのだ。

インフレータブル・ベストタイプ

ライフジャケットの種類別特徴
浮力体方式のライフジャケットは半永久的に使えるが、インフレータブルタイプは何年かに一度メンテナンスに出して、チェックしてもらうと万全。まれにフックが刺さって空気室に穴が空いていたりする。製造メーカーに直接頼むか、釣具店でも対応してくれるところがある。また、自動膨張式は落水しなくても雨や湿気で作動してしまうことがある

バスボートなどで高速で衝突して、仮に頭を打って気を失ったとしても、とりあえずしばらくは水の上に浮かんでいられる、というメリットもある。

そして安全面では、実は昔ながらの浮力体方式も捨てがたい。事故のとき、浮力体がクッションになって身体を衝撃から守ってくれるからだ。

僕は以前アメリカのトーナメントに参戦していて、向こうではいまだに浮力体のベストタイプを使っている人が多かった。日本よりも長距離をバスボートで走ることが多いし、湖が海のように荒れるフィールドもあるからだ。

ちなみにアメリカでは走行中だけライフジャケットを着て、釣りの最中は身につけない人が多い。だからかさばる浮力体方式でも邪魔にならない、という事情もある。

さて、僕はどうしているかというと、試合中など時間に追われてテンパっているときは2種類を同時に着用している。ひとつはウエストベルト型・自動膨張式のライフジャケット。これは常に身体につけておく。

そしてボートの運転中は、この上からさらにベストタイプを羽織る。つまり「ベストを着る→エンジンを掛ける→ボートで走行→到着→エンジンを切る→ベストを脱ぐ→釣り開始」という手順だ。

なお、ベストタイプにはキルスイッチのコードを付けてある。エンジンを掛けるたびにキルスイッチをセットする手間が省けるし、これなら付け忘れる恐れもない。これは田辺哲男さんが提唱していたスタイルで、非常に理にかなっているので真似させてもらった。

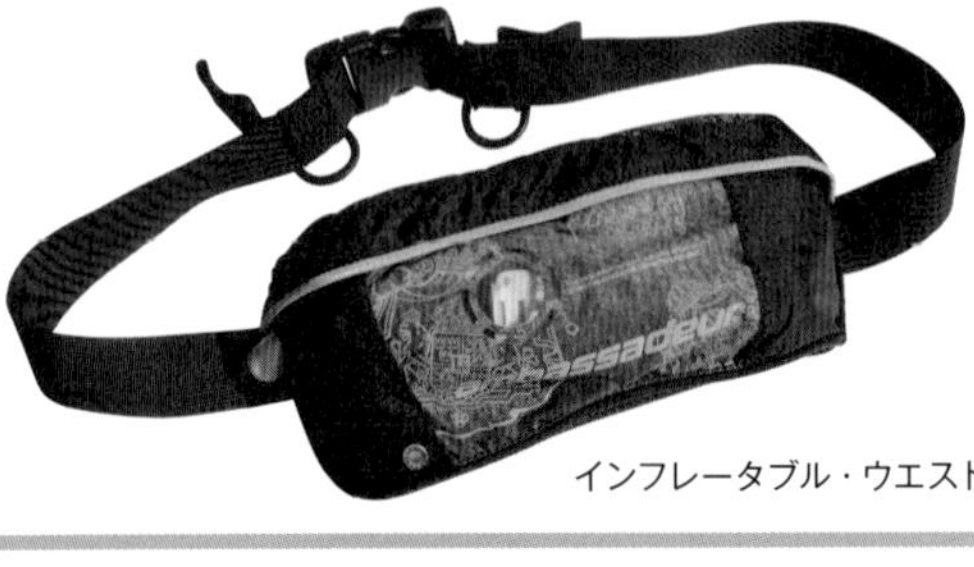
インフレータブル・ウエストベルトタイプ

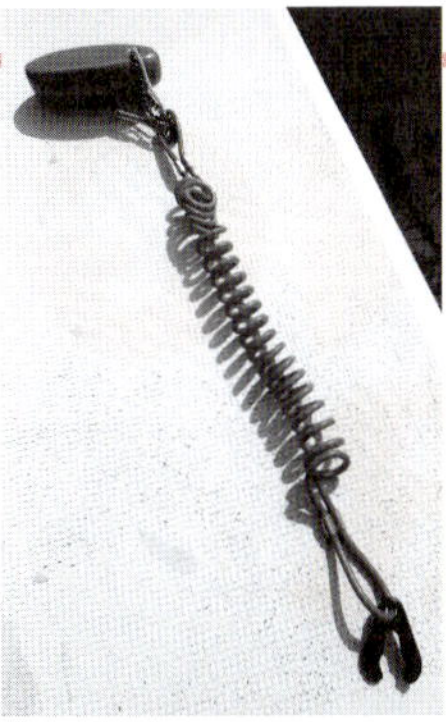

僕はキルスイッチをベストタイプのライフジャケットに付けっぱなしにすることが多い。釣りをする際は身動きしやすいウエストベルトタイプのみで、エンジンを掛けるときはベストを着て移動する、というやり方だ

いずれのタイプを使うとしても、いったんボートに乗ったら絶対に身につけておくこと。誰かと一緒に行くときも、かならず着用してもらうこと。これだけは守ってほしい。

水の上には信号もないしお巡りさんもいないから、車やバイクに比べれば非常にルーズな世界だけれど、ボートに乗ったらあなたがキャプテン。自分や同乗者の命は、自分で守らなくてはいけない。たとえライフジャケットを着ていても、湖が荒れていたら波をかぶって水を飲んで溺死するのだ。そのくらい怖い場所でもあるということを、想像してほしい。

キルスイッチの仕組み

キルスイッチとは、エンジンと乗船者を繋ぐ安全装置。コード（コイル状のものが多い）を引っぱるとエンジン側がワンタッチで外れ、停止するようになっている

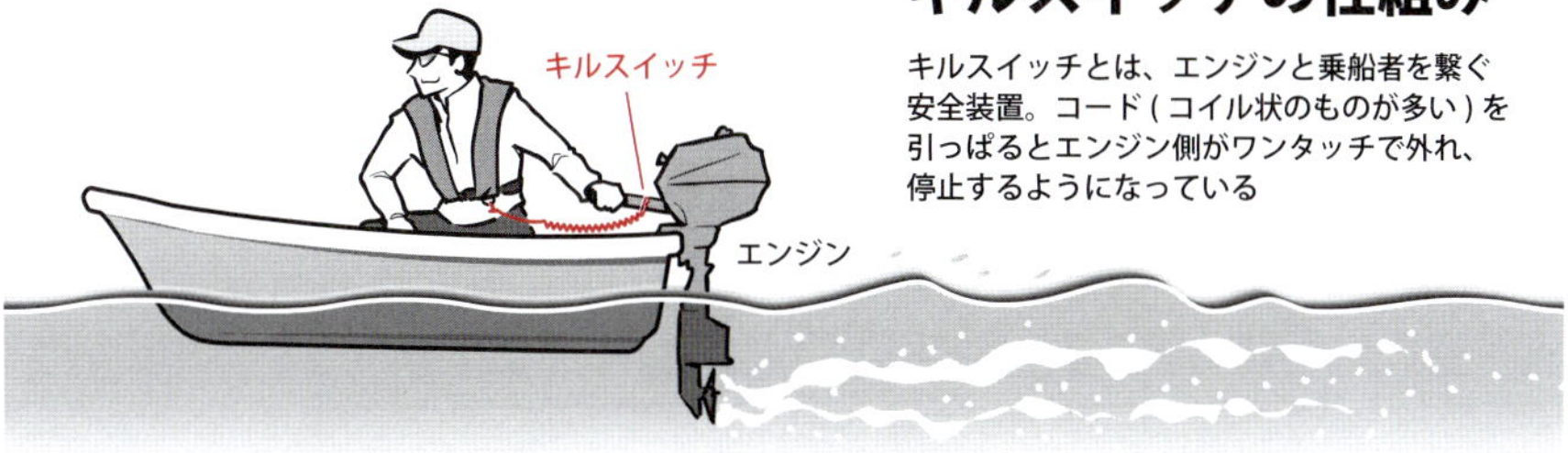

TROLLING MOTOR

#02 エレキを手に入れよう

レンタルボート用・エレクトリックモーターの選び方

エレキが世界を広げてくれる

オカッパリとボート釣りの決定的な違い。それは、釣りが制限されるかどうかという点に尽きると思う。

岸からバスを釣ろうと思っても、足場の高さや障害物に邪魔されたり、ねらうスポットまで距離が遠すぎたりして、投げたい場所にルアーを投げられないことが多い。平坦な砂浜でシロギスを釣るならまだしも、ブラックバスは障害物を好む魚だから、余計にやりづらい部分が出てくる。

正直に書くと、僕が初めてボートに乗ったとき、オカッパリよりもめちゃくちゃたくさん釣れた……という記憶はない。だから「ボートのほうが釣れるよ」と言うつもりもない。

それでも僕がボート釣りをオススメしたいのは、それによって自分の釣り観、大げさに言うと世界観まで変わるからだ。これまで手も足も出なかった沖のアシ原を、好きなだけ撃っていける。引っかかるのを恐れて躊躇《ちゅうちょ》していたブッシュに、高価なビッグベイトでもガンガン投げ込める。カバークランキングなんかその最たるもので、ボートじゃなけりゃとてもやってられない。

そんなボート釣りの自由度を、さらに広げてくれるのがエレキという道具だ。基本的な構造は14ページですでに紹介したけれど、ボート店でレンタルしたエレキを使っていると、そのうちパワーや使い勝手に不満が出てくると思う。ここからは、レンタルボート用に自分でエレキを購入する際のポイントを紹介していこう。

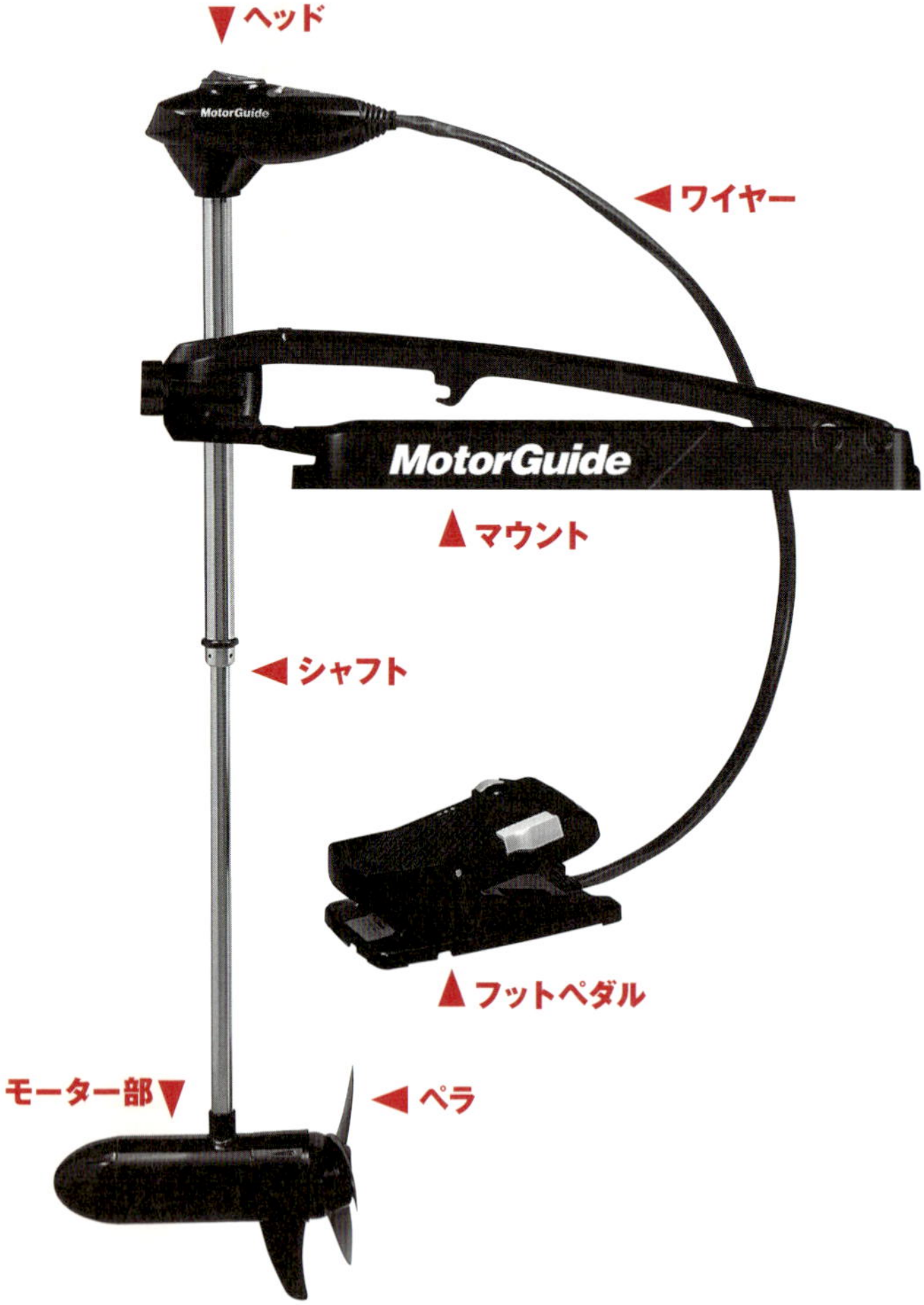

ヘッド
MotorGuide
ワイヤー
MotorGuide
マウント
シャフト
フットペダル
モーター部
ペラ

モーターガイドとミンコタ

現在、バス釣り用のエレクトリックモーターはおもにふたつのメーカーで製造されている。

ひとつはミンコタ。世界最古のトローリングモーター（エレキ）製造メーカーで、僕がバスボートで使用しているのもミンコタ製だ。

もうひとつはモーターガイド。日本のフィールド状況に即したモデルを早くから開発していて、レンタルボートユーザーに人気が高い。ちなみに、どちらもアメリカの会社だ。

初めてエレキを買うならどっちがいいだろうか?

ミンコタのエレキは、スピードよりも「トルク重視型」の設計になっている。つまり重い物をグイグイ引っぱっていくような使い方に適している。だからバスボートなど重量のある船にはぴったりなのだ。その反面、ヘッドやモーター部分がやや大ぶりで重たく、安定性には長けているが、持ち運びに不便だったりする。

一方でモーターガイド製のエレキは、トルクよりも「スピード重視型」。軽いレンタルボートやアルミボートをスイスイ走らせるのが得意だ。本体自体も軽くて小型なので、マウントやデッキを含めても、コンパクトカーや軽自動車で楽に持ち運びできる。さらには日本国内向けに短いシャフトのラインナッ

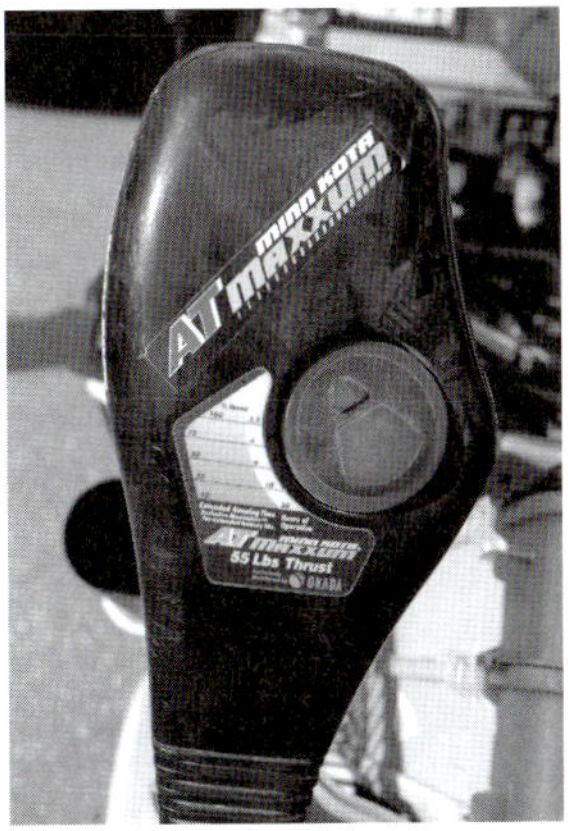

モーターガイド　MotorGuide

「スピード重視型」のエレキ。現在、レンタルボートユーザーの7～8割が愛用しているのがモーターガイドだと思う(僕の独断と偏見です)。アメリカでは、エレキはエンジンの補助的なアイテムであり、ボートから取り外すこともほとんどない。それが日本にやって来て、エレキをメインの動力源として使うスタイルが発達した。そこにいちはやく最適化していったのがモーターガイドの各モデルだ

ミンコタ　Minn kota

「トルク重視型」のエレキ。ペダルを踏むと「……グーッ」という感じで、ジワジワスピードが上がっていく。レンタルボートの世界では少数派だが、重量のあるバスボートやアルミボートとは相性がいい

プが充実していたり、オプションパーツをカスタムしているショップがあったり、メンテナンスがしやすいこともプラス点だ。

総合的に見ると、レンタルボート中心に使うのであればモーターガイドがおすすめ。将来的に中〜大型のアルミボートやバスボートで使うことも想定するならミンコタでもOK、という感じだろうか（モーターガイドのエレキがバスボートに向かないわけではない）。

エレキの動力源は「バッテリー」

ひと昔前は、エレキを買うにしてもまずハンドコン（ハンドコントロールタイプ）で入門して、いずれフットコンタイプにステップアップする人も多かったけれど、現在はほとんどの人が最初からフットコンを買う。リーズナブルなモデルも揃っているので、それでOKだと思う。

次に考えなくてはいけないのは、エレキの出力だ。それぞれのエレキには「Lb」（ポンド）という単位で出力が表示されていて、数字が大きくなればなるほど出力が大きい。

たとえばモーターガイドのエレキには、40Lb・46Lb・54Lb・75Lb・82Lbなどがラインナップされていて、出力が大きいほどパワーが強く、スピードも速い。

手で操作する「ハンドコン」タイプのエレキ。ボート先端に立った状態では操作しづらいが、座ったまま釣りをするトッパー（トップウォータールアーでバスをねらう人たち）のなかには愛用している人もいる

一般的な10～14フィートクラスのレンタルボートなら、はっきりいってどのエレキを買っても釣りはできる。パワーが大きいほど値段もアップするので、予算に応じて選ぶのもアリだろう。

注意したいのは、そのエレキを使うのにバッテリーが何個必要か、という点である。

エレキは電気で動くものなので、ボート上で使うためにはバッテリーが要る。右に挙げたモーターガイド製の場合、40～54Lbのエレキは12Vのバッテリーが1個あれば動く。しかし75～82Lbのモデルだと2個必要になる。これらは24Vの電圧で動くモデルなので、12Vのバッテリーを直列に繋いで12V×2＝24Vにする必要があるのだ（ちなみにバスボートなどで使う109Lbなどのモデルでは36V＝バッテリーを3個使う）。

「エレキは初めてだし、とりあえずバッテリー1個ですむ12Vからスタートしよう」と考えるのもいい。ところが、12Vで稼動するエレキでも、実際には予備のバッテリーを積むハメになることがあるのだ。

必要なバッテリーの個数

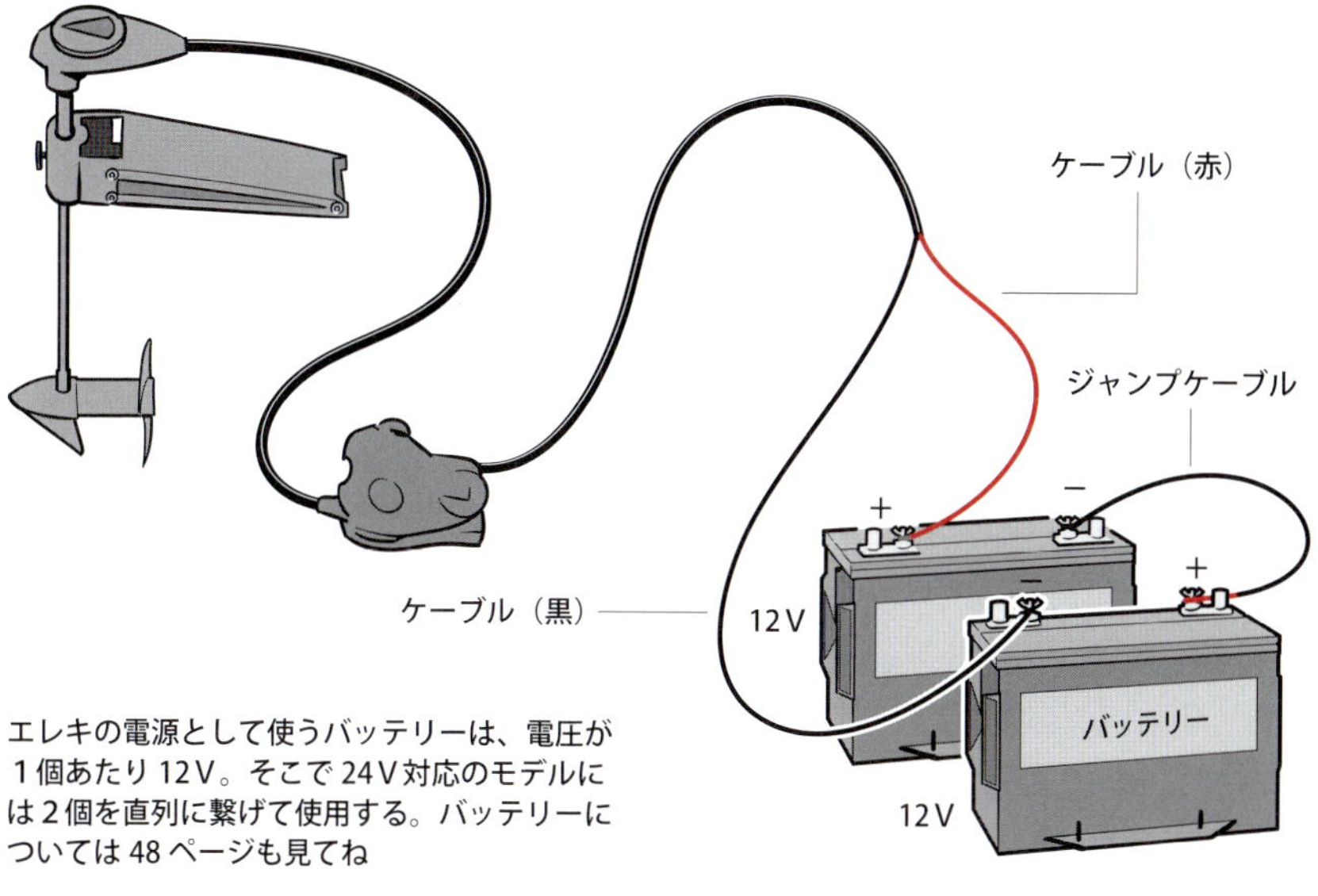
24V用のエレキ
ケーブル（赤）
ジャンプケーブル
ケーブル（黒）
＋
－
＋
－
12V
12V
バッテリー

エレキの電源として使うバッテリーは、電圧が1個あたり12V。そこで24V対応のモデルには2個を直列に繋げて使用する。バッテリーについては48ページも見てね

おすすめは24V、だけど12VでもOK

エレキの出力とメリット・デメリット

エレキの電圧	12V	24V
出力（単位はLb＝ポンド）	40Lb・46Lb・54Lbなど	75Lb・82Lbなど
バッテリーの個数	1個	2個
パワー	やや弱い。小規模なフィールドなら問題ない	強い。エレキオンリーの広いフィールドでもOK
エレキの価格	リーズナブル	出力が高いほど高価

※36Vのモデルも存在するが、おもにバスボート用なのでここでは割愛した

前のカラーページで紹介した亀山湖のように、何本もの川筋が入り組んでいる広いフィールドでは、端から端まで移動していると途中でバッテリーが切れてしまう恐れがある。たとえ狭いフィールドでも、風や流れが強くて常にエレキを踏むような状況では、やはりバッテリーがなくなりやすい。予備を持っていないとボート屋さんに戻れないのだから、じゃあバッテリー2個積むか、ということになる。

……ん？　だったら、最初から24V対応のモデルでいいんじゃない？

というのが僕の考え。ちなみにバッテリー2個＝24Vでエレキを使用する場合は、丸1日釣りをしても電池切れの恐れはほぼない（よほど古いバッテリーでないかぎり）。

そんなわけで、バッテリー2個（24V）で動く82Lb程度のモデルを選ぶレンタルボートユー

バッテリーは釣り道具のなかでも最大級に重いアイテム。手軽さを求めるなら、バッテリー1個で使える12Vのエレキを選んでもいいと思う。規模の小さいフィールドなら充分に使える

ザーが多いようだ。24V対応のエレキならパワーが強すぎて困るということはないから、予算の許すかぎり上のモデルを選んでもOK。

ただし、別の注意点もある。

バッテリーは1個で20kg以上もあって、とにかく重いのだ。2個で約50kg、このほかにマウントやデッキもあるから、車に積むと大人ひとり分の重量アップ。軽自動車や荷室の狭いセダンに2個積むのが辛かったり、重たいものを運ぶのはイヤ！　という人は、バッテリー1個＝12Vという選択肢もアリだと思う。

シャフトの長さ

同じポンド数のエレキのなかでも、シャフトの長さを選べる場合がある。特に人気の高いモデルはシャフトのラインナップが充実していて、たとえばモーターガイドの「TR82V」には32in・36in・42in・45inの4種類がある（2014年6月現在）。

シャフトとは、エレキのヘッドとモーター部とを繋ぐパイプのこと。エレキをボートに装着したとき、シャフトは水面に対して直角に立つ。

そのため必要以上にシャフトが長すぎると、ヘッドが水面上に大きく飛び出てしまい、キャストやランディングの邪魔になる。特に浅い湖沼をメイン

シャフトとヘッドの高さ

エレキのヘッドとモーター部を繋ぐパイプを「シャフト」という。これが長すぎると、アングラーの真ん前にヘッドが飛び出てしまって、なにかと邪魔になる。レンタルボート用には30in台のショートシャフトが最適だろう。専門のショップに頼むと好みの長さにカットしてもらうことも可能だ

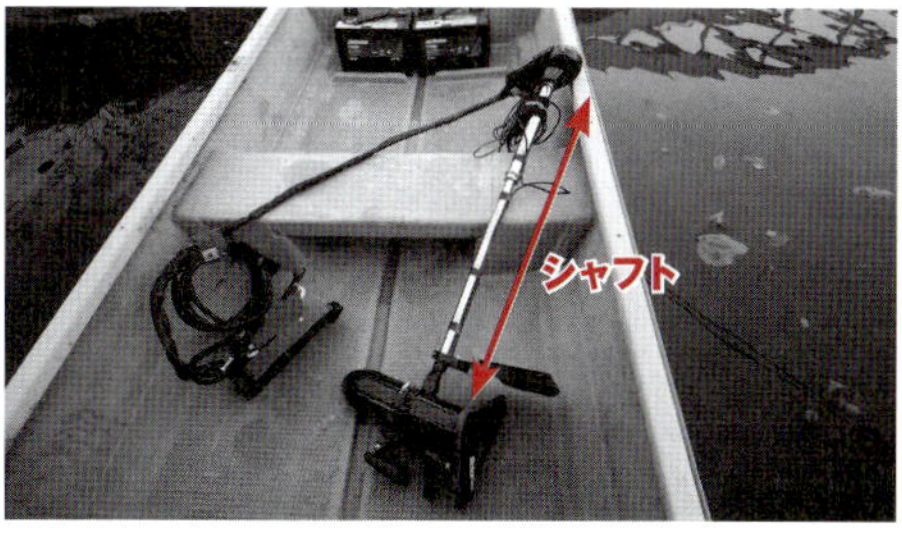

フィールドにしている人は、できるだけ短いシャフトを選んだほうがいい。さらにカスタムして市販より短くするアングラーもいるくらいだ。

　一方で、シャフトの長いモデルはバスボートやアルミボート、あるいはレンタルの和船など喫水※の高いボートに必要。だけど普通のレンタルボートでは邪魔になることが多いので、まずは30in台を選べば間違いない。迷ったら、購入先のショップに相談してみよう。

無段階変速／5段階変速

　最後にもうひとつ、「スピードコントロール」の選択について。

　エレキの速度はダイヤルで調整できるようになっているのだが、これにはふたつの方式がある。昔からあるのが、ダイヤルを回して「1・2・3・4・5」のいずれかにセットする「5段階変速」。もうひとつは、ダイヤルが段階ごとに分かれておらず、低速~高速まで自由に調節できる「無段階変速」だ。

　結論からいうと、無段階変速がおすすめ。スピードの微調整ができることもあるが、なによりバッテリーの消費量が押さえられるメリットが大きい。実は5段階変速は、ダイヤルが1でも5でも、スイッチをONにしたときにバッテリーに掛かる負荷が大きい。車でいうと、アクセルをガツンと踏み込むようなもので、燃費がよくないのだ。

※喫水（きっすい）＝水面からボートのへりまでの高さ

5段階変速
ダイヤルが5段階に分かれているタイプ（スイッチOFFも含めると6段階）。モーターガイド、ミンコタともに低価格のモデルに搭載されている。電流の消費量が多く、特に12Vのエレキだと予備バッテリーを積んでおいたほうがいい

一方の無段階変速のモデルは、ゆっくりアクセルを踏んで加速するようなイメージ。ジワジワ電流を流す設計になっているから、1日同じように使ってもバッテリーの持ちがよくなるのだ。

エレキと周辺機器の購入

それではいよいよエレキ購入！

エレクトリックモーター＋マウントの単体でも発売されているが、それだけでは使用できない。ほかにバウデッキ、バッテリー、そしてバッテリーチャージャーが必要になる。

ネットで検索すると、これらがセットで販売されていることが多く、個別に買うより値段もお得。また、販売店のなかにはエレキのオリジナルチューンやカスタムを手がけているショップもある。のちのち修理やメンテナンスでお世話になることもあるので、こういった専門店で購入するのもおすすめだ。

ところで、ヤフオクや中古釣具店にもエレキはたくさん並んでいる。新品だと15～20万円近い買い物になるから、最初はとりあえず中古で、と考える人もいるだろう。

エレキは電気製品の一種だけれど、テレビや冷蔵庫のような家電と大きく違うのは、常に水のなかで酷使するという点だ。防水性を持たせてはあるが、

◎エレキの修理屋さん
☎ 072-643-1256 http://www.ereki.net/
販売だけでなく、加工や修理、メンテナンスにチューンナップまで、エレキのことならなんでも手がけるエキスパートのお店。フィールド事情にも通じているので、購入の際は自分のホームレイクを伝えて相談してみるのもいい

無段階変速

速度調整のダイヤルがなめらかに回る、段階のないタイプ。バッテリーの消費量が抑えられてオススメだが、フラッグシップ機に搭載されているので５段階変速よりも予算が必要

たとえば水中の岩にエレキをぶつけると、瞬間的に接合部が歪んで内部に水が入る。調子が悪くなって修理に出すと、中はサビだらけ……というケースも珍しくない。こうなると抵抗値が増えて、同じモデルなのに新品より遅くなっていたりする。

だから中古で購入する場合は、前の持ち主がどんな使い方をしていたかわからない、というのが最大のネック。中古車だったら整備簿をチェックしたりもできるけれど、エレキの場合は当たり外れを覚悟しよう。新品で購入すると、保証がつくのも大きなポイントだ。

エレキを使う前の準備

購入したエレキが届いたら、使う前にまずバッテリーをフル充電。新品でも、使う前日にかならず再チャージしておく。方法はバッテリーチャージャーによって異なるので、説明書を読んで作業する（バッテリーの詳しい取り扱いは48ページ）。

また、マウントとバウデッキはあらかじめボルトで固定しておく必要がある。セットで購入すればショップで作業してくれる場合もあるが、単体や中古で買った場合はバウデッキにドリルで穴を開けたり（マウントによって穴の位置が違う）、穴の径に合うボルト・ナット・ワッシャーをホームセンターで

中古エレキの不安な点は、内部を確認できないケースが多いこと。外側はキレイでもモーターや配線がボロボロ……なんてこともありがち

捜して、自分で固定しなくてはいけない。

エレキ本体も、新品の場合はペラを外した状態で梱包されている。下の写真のようにセットしておこう。

さて、あとは一式を車に積んでフィールドに出かけるだけだ。早朝の出発前にエレキやバッテリーを積み込むと焦って忘れ物をしがちなので、前夜に準備しておくほうがいいだろう。現場でのセッティング方法は22ページを参考にしてください。

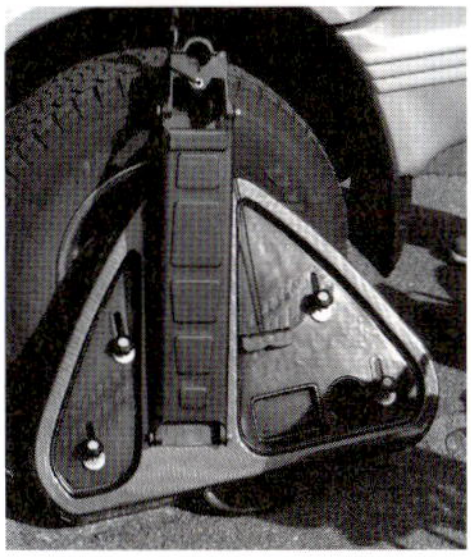

一般的なマウントは、4本のボルトでバウデッキに取り付ける。ショップで同時に購入した場合は取り付け作業をお願いしたほうがラクチン。自分で取り付ける場合は、電動ドリルなどでバウデッキに穴を開けることになる

エレキのペラはこのようにセットする。フィールドでラインなどが絡まったときもペラを外す必要があるので、手順を覚えておこう(写真はモーターガイド製のエレキ。ミンコタ製の場合はラチェットが必要)

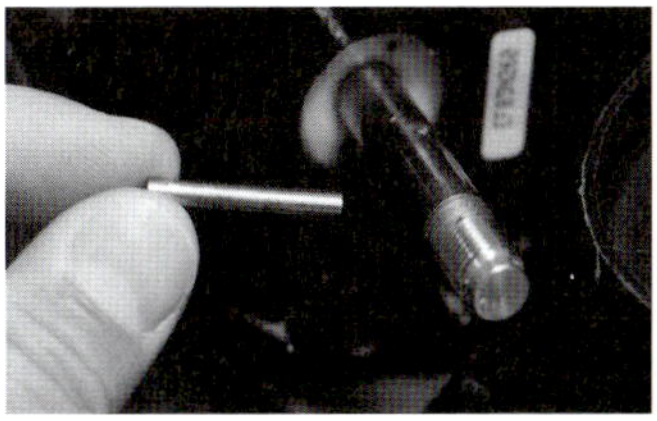

ペラを外すと「シャーピン」というペラを固定するための金具が現われる。簡単に抜け落ちてしまうので、作業時は紛失しないように注意。数百円なのでスペアを持っておくといい

もっとも危険な釣り道具。
― バッテリーの話 ―

エレキとバッテリーを接続する

エレキの電源として使うバッテリーは、特にレンタルボートの場合、釣りをするたびに積み下ろしして使う。もちろん配線も自分でやらなくてはいけない。車のバッテリーと形状はほぼ同じだけど、普通は積みっぱなしで配線をいじることもないだろうから、日常生活では馴染みのないアイテムだ。

初めてバッテリーを触る人は「これって感電しないの?」と考えると思う。正しく使えば問題ない。だけど事故がまったくないわけではないので、何をどうやったら危ないのか、きちんと把握しておこう。

まずはバッテリーの仕組みから。

上面には2箇所に2個ずつ、合計4個の突起がある。これはターミナル(端子)と呼ばれていて、エレキの配線や、バッテリー充電の際に使う。2箇所はそれぞれプラス端子、マイ

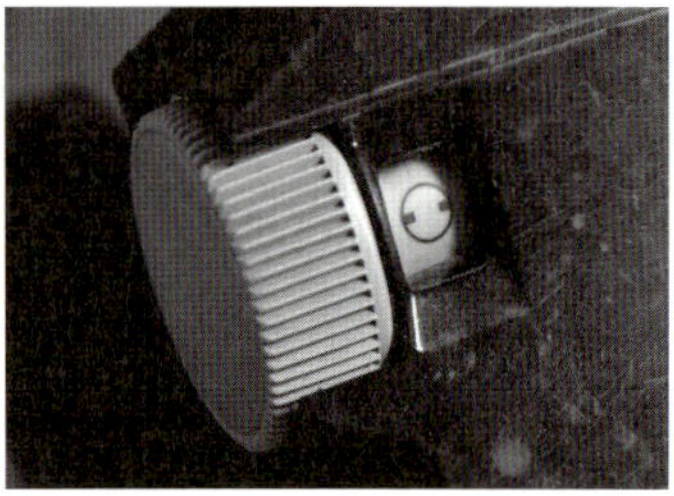

最初に確認するのはエレキのダイヤル。「OFF」の位置(表示はモデルによって違う)になっていればOKだ

バッテリーのターミナルとエレキの端子の接続

❶ターミナルの蝶ネジを外す
❷エレキのケーブルの端子をターミナルに通す
❸蝶ネジを元どおりに締め込む。ペンチなどできつく締めるのがオススメ

ナス端子になっている。近くに「＋」「－」の記号が書かれているからすぐわかる。

エレキの電源ケーブルを接続するときは「プラスのコードをプラス端子」「マイナスのコードをマイナス端子」に、それぞれ繋ぐ。

接続の手順は写真を参考に。

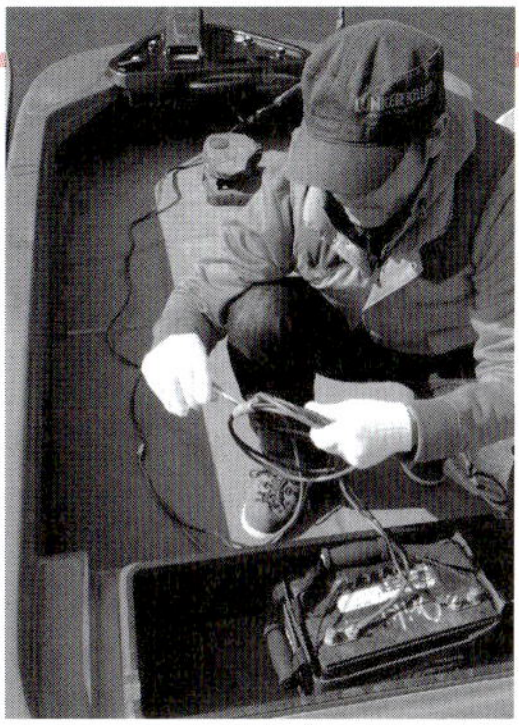

エレキの操作以上に気をつけたいのが「バッテリー」の取り扱い。さすがに死亡事故はほとんど聞かないが、ショートさせてしまって発火、という話は頻繁に耳にする。気をつけて扱ってほしい

安全に作業するコツ

作業自体は非常に簡単だが、いくつか注意したいことがある。

ひとつめは、エレキのプラス側のケーブル（赤色）をプラス端子に接続すること。逆になっていると、特に無段階変速のモデルは高確率で故障に繋がる。「プラス端子には赤いケーブル、マイナス端子には黒いケーブル」と覚えるとややこしいので、「プラスは赤」とだけ頭に入れておこう。

ケーブルを接続する順番は、一般的には「プラス端子→マイナス端子」の順がよいとされている（取り外す際はこの逆）。が、基本的※にはどちらでもかまわない。

それから片方の端子に接続するとき、もう一方のケーブル（接続前のもの）がブラブラして端子に触れないように注意。エレキがOFFになっていれば問題ないが、バッテリーを2個使う場合（使うエレキが24V）、ジャンプケーブルで繋ぐときに関係のない端子に触ってしまうと、やはり火花が散ることがある。火花で感電するわけではないが、エンジン船では近くにガソリンがあったりもするので、安全に作業するに越したことはない。

最後に、ケーブルを蝶ネジで固定するときは、ペンチなどでしっかり締め込むこと。ゆるいとだんだん外れてきて危ないし、端子同士が密着していないと抵抗値が増えて、流れる電流をわずかだがロスすることになるのだ。

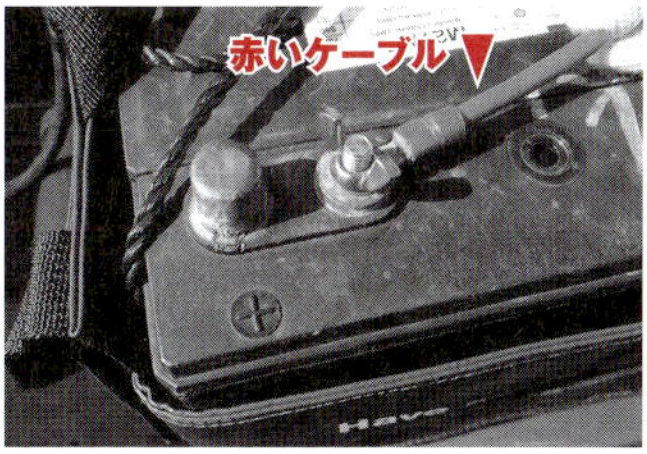

エレキのケーブルは黒と赤の2色になっている。「プラスは赤」と覚えよう

※自動車のバッテリーの場合は、車体そのものがマイナス端子と繋がっている（ボディーアース）ため、ケーブルの取り外しは「マイナス端子→プラス端子」の順に行なう。しかしエレキのバッテリーは船体から絶縁されている状態なので、どちらでも大丈夫なのだ

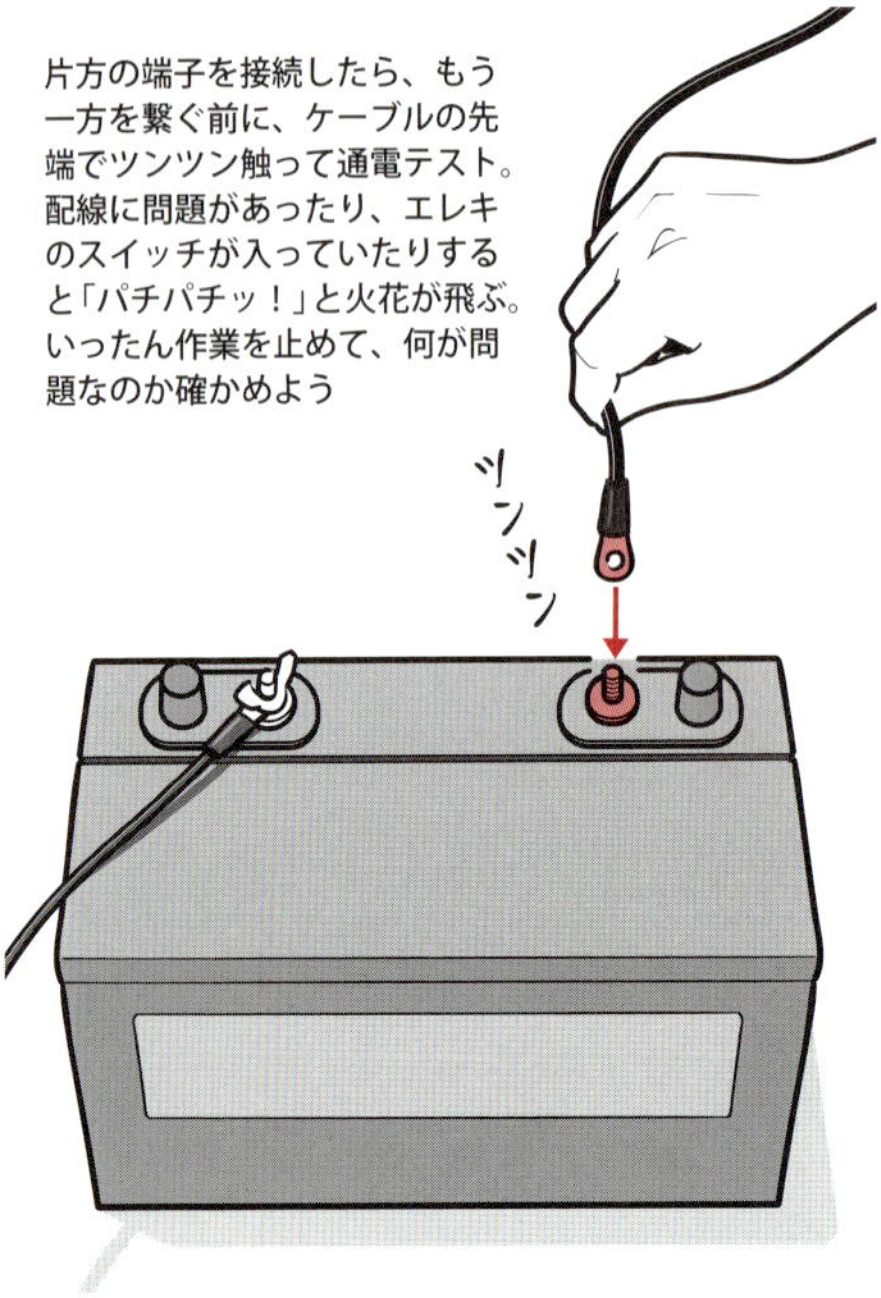

片方の端子を接続したら、もう一方を繋ぐ前に、ケーブルの先端でツンツン触って通電テスト。配線に問題があったり、エレキのスイッチが入っていたりすると「パチパチッ！」と火花が飛ぶ。いったん作業を止めて、何が問題なのか確かめよう

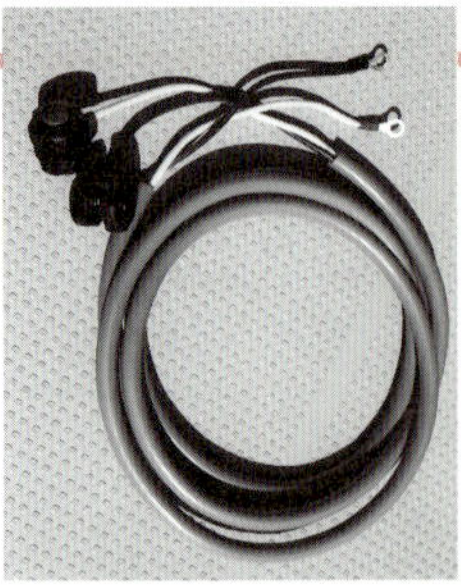

レンタルボートの場合、エレキのケーブルは「延長ケーブル」を介して使うことがほとんど。その際、蝶ネジなどでケーブル同士を接続するのだが、2箇所の接続部分が接触するとショートするので、この点にも注意が必要だ

バッテリーを2個使う場合は、ジャンプケーブルと呼ばれる短いケーブルでバッテリー同士を繋ぐ。手順は、「エレキのケーブル(＋)をプラス端子Aに接続→マイナス端子Aにジャンプケーブル接続→ジャンプケーブルのもう一端をプラス端子Bに接続→マイナス端子にエレキのケーブル(－)を接続」。作業中は、ジャンプケーブルの端子がブラブラして不要な端子に触れてしまわないよう注意

バッテリーとエレキの配線図

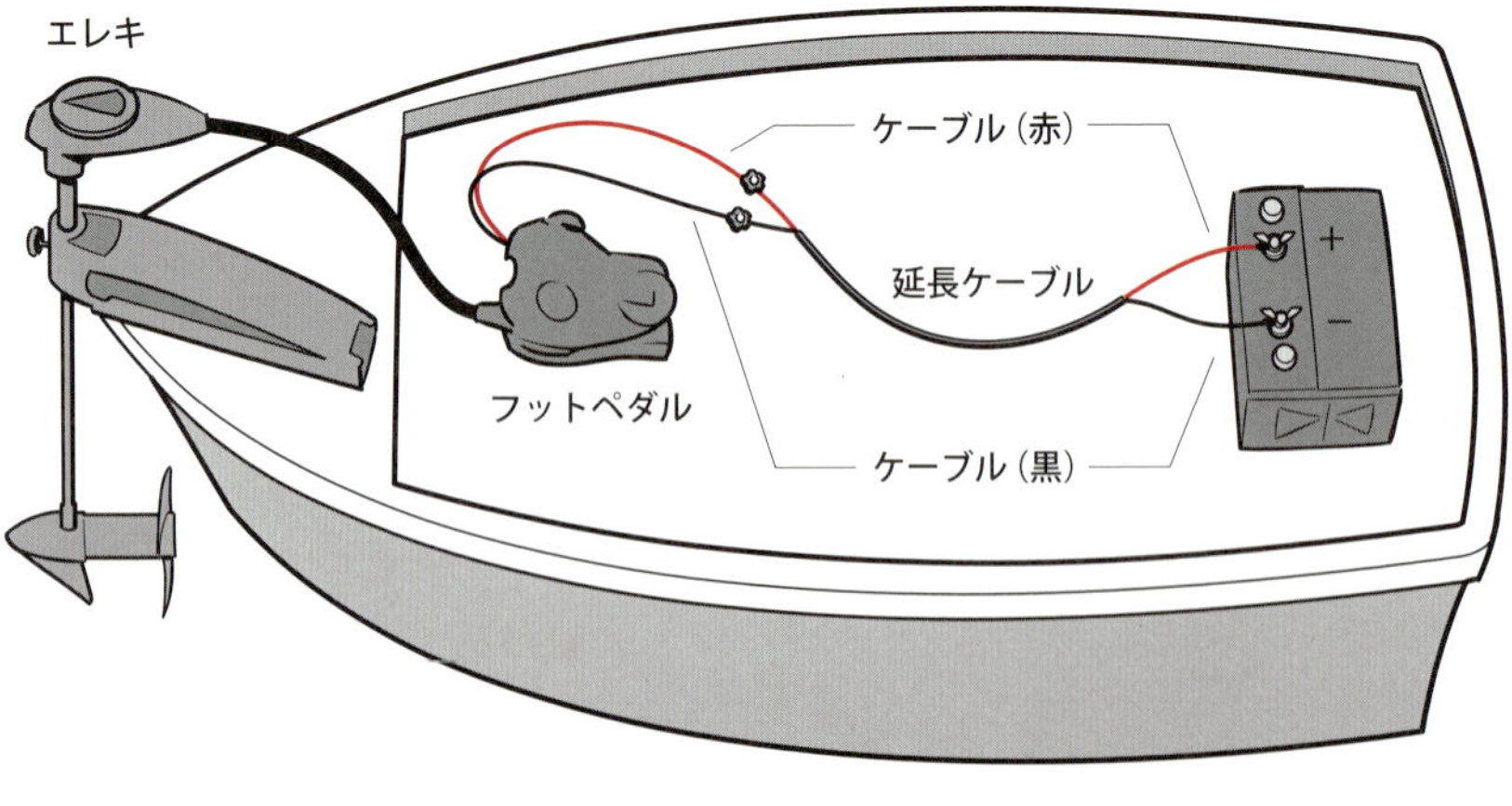

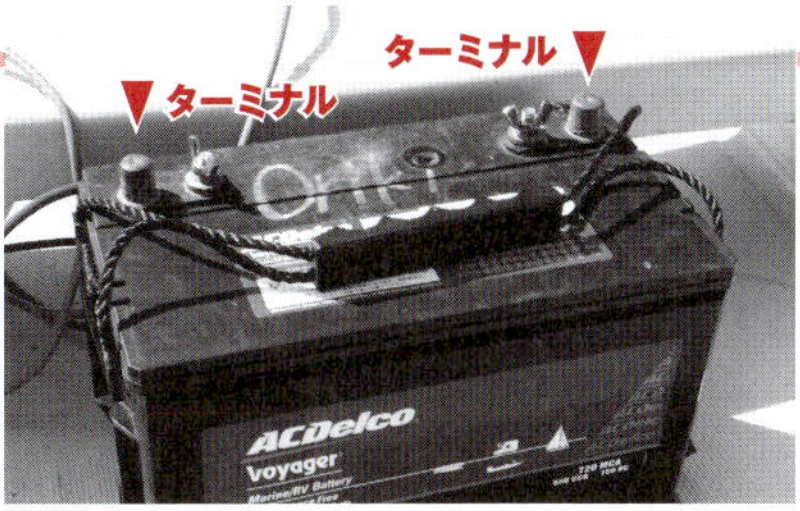

たとえば2ヵ所のターミナルに同時に金属板を乗せるとショートする。そんなことをする人はいないだろうが、バッテリーの上にタックルや荷物を乗せるのは避けよう。もちろん椅子の代わりにするのはNG！

車載時や持ち運びの注意

バッテリーの内部には希硫酸が入っている。ひっくり返してもすぐには漏れない構造だが、実は小さな穴が空いているのでジワジワこぼれてくる。車や家のなかでひっくり返すとカーペットに穴が空いたりするから、倒さないように気をつけよう。

車に積むときは絶対に安定した場所に置くこと。後部座席の座面に置いたりするのは、急カーブで倒れやすいのでNGだ。しかも重量があるので、なるべく車のセンター付近がいい。端に置くと車全体のバランスが悪くなるから。

ラゲッジスペースの中央に置くか、同乗者がいなければ助手席の足元でもいいだろう。ただし、周囲には絶対に金属製のアイテムを置かないこと。プラスとマイナスの端子の上に金属が乗ってしまい、通電するのがもっとも危険なのだ。

昔、霞ヶ浦のレンタルボート店に通っていたときのこと。友だちが荷車の上にバッテリーを置いて、その上にガソリンの携行缶を積んでしまった。

その直後、土手の反対側にいた僕の耳に「ドーン！」というすごい音が聞こえ、ふり返ると、黒い煙がモクモク……。金属製の缶によってバッテリーがショートし、火花が飛んで、ガソリンが爆発したのだ。

このときは幸いケガ人は出なかったけれど、同じようなケースで車を炎上させてしまった人もいる。とにかくターミナルは絶縁状態にすること！　これが鉄則だ。

余談だが、人が左右の手で両方の端子に触れても感電はしない。けれどバスロッドがバッテリーの上に落ちた場合、カーボン製なので通電する可能性はある。試したことはない（笑）。小型車に積む際は、これも注意したほうがいい。

バッテリーを保管しているあいだは、ターミナルに付属のカバーを被せておこう（ボイジャーバッテリーの場合）

車に載せるなら、ラゲッジスペースの端ではなく中央付近に置くこと。ほかの荷物が落ちてきそうな場合はバッテリーの上側を絶縁体でカバーするのもいい方法だ。写真ではゴムの板を乗せている

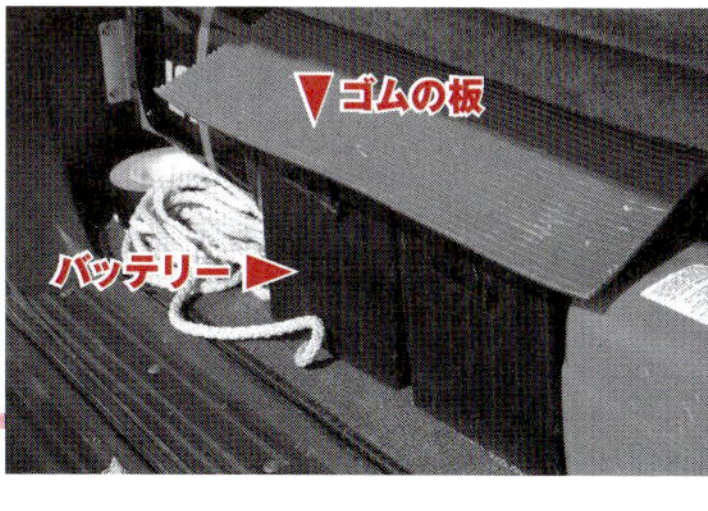

バス釣り用のエレキで使うのは「ディープサイクルバッテリー」と呼ばれる種類のもの。日本国内ではACデルコ製のボイジャーが圧倒的に普及している。いくつか種類があるが、「M27MF」（容量105A）という規格がオーソドックス。1日使ってバッテリーが減ってきてもいきなりエレキが止まったりはせず、ジワジワーッと遅くなっていくのが特徴だ。重量は24.3kg。なお、ワンサイズ小さい「M24MF」は容量が80A、重量は20.7kg。

バッテリーの選び方

2014年現在、日本国内ではACデルコのボイジャーというバッテリーが主流になっている。軽量なリチウムイオンバッテリーも出はじめてはいるが、高価だったりトラブルが報告されていたりで、バス釣り用としてはまだ実践投入できるレベルではない。

ボイジャーのバッテリーにもいくつか種類があって、レンタルボートなどで使うなら105Aの「M27MF」というモデルがもっとも人気がある。

ただ、あえてワンサイズ下の「M24MF」を選んで軽量化を図るという手もアリだと思う。

24Vのエレキ用に2個積む場合、このバッテリーなら合計およそ42kg。最初に紹介した「M27MF」は2個で約49kgなので、軽量化できてボートも速くなるし、持ち運びもラクチン。もちろんバッテリーの容量は少なくなるので（80A）、移動距離の長いフィールドでは注意が必要だ。

なお、バッテリーを2個使うときは、同時に購入した新品を同時に使いはじめること！　古いものと混ぜて使うと、新しいバッテリーが早く弱ってしまうのだ。エレキを12V→24Vに買い替えたから、バッテリーを1個だけ追加する……というのもよろしくない。

古いものはカーショップや産廃業者で処分して、新品に入れ替えよう。ボート屋さんやマリーナには千円前後で買い取ってくれるところもある。

ボイジャーバッテリーには、上面に「カラーインジケーター」が設置されていて、色によってバッテリーのおよその残量がわかる。蓄電量が70～100％なら緑色、50～70％は黒色、そして50％以下になると赤に変わる。エレキを多用する場合は釣りをしながらチェックしておこう

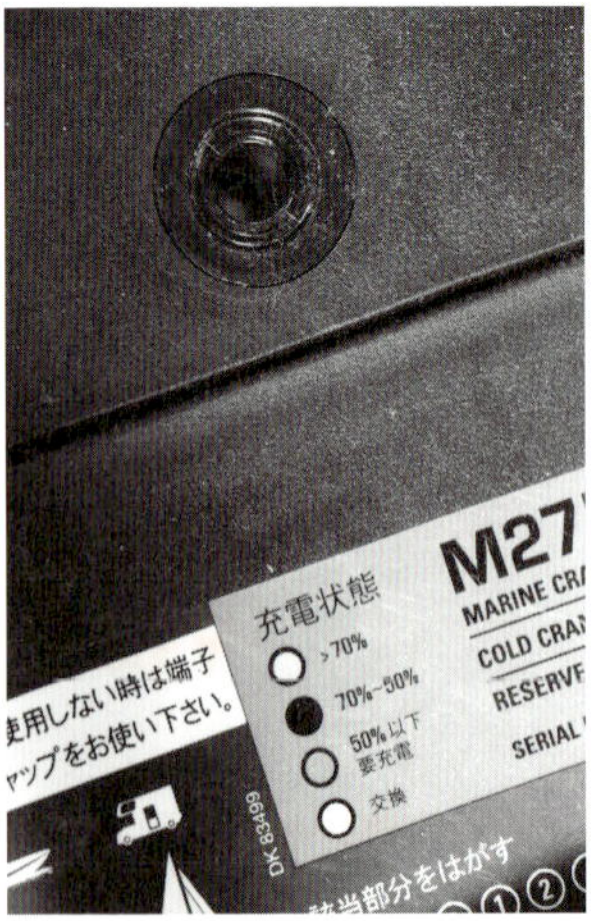

家に帰ったらすぐチャージ！

バッテリーは繰り返し使ううちにパワーが落ちていく。正しく扱っているか、きちんとチャージしたかどうかで寿命はけっこう変わってくる。

基本的に、バッテリーはスッカラカンになるまで使わないほうがいい。ある程度まで使ってガツンとフル充電、という使い方が理想だ。

また、1日の釣りから帰ってきたら、かならずその日のうちに充電すること。眠いし疲れているだろうけど、車に積みっぱなしにせず、すぐフル充電することで、バッテリーの寿命を長くすることができるのだ。

充電中は、バッテリー内から微量の水素ガスが発生する。火気のない屋外か、家のなかでも風通しのいい場所でチャージするように。

充電したあとも、しばらくすると乾電池と同じように、自然に放電して容量が減っていく。たとえば、90%の状態で釣りに出かけたとしよう。するとバッテリーは「自分の容量は90%がMAX」だと認識してしまって、そこまでしか充電できなくなるのだ。なので、釣行前日にはもう一度チャージしておく。

冬のあいだなどは、3～4ヵ月もバッテリーを使わないことがあるかもしれない。どんどん放電していくのもバッテリーの寿命を縮めるので、使わなくても1ヵ月に1度はフル充電するクセをつけたい。

チャージ中のバッテリー。部屋のなかで行なうなら、風通しのいい玄関やベランダ付近などで充電すること。チャージャーによっては2個以上を同時に充電できたり、自動的に放電してくれるメンテナンスモードを備えたタイプもある

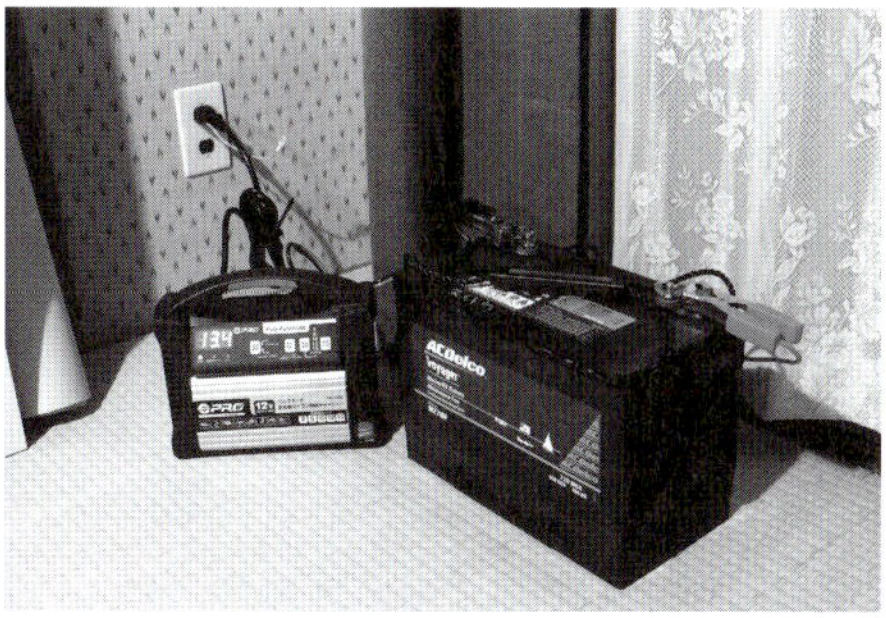

初級編
ボートを操る!
エレキを使った操船の基本

ペダルはどっちの足で踏む?

片足の裏だけで操作するのがフットコンタイプのエレキ、という説明は先のページで解説したとおり。まだ把握できていない人は、まず14ページで復習しよう。

さて、次のステップは「どっちの足でエレキを踏むべきか?」。

結論を先に言うと、どっちでもいいのだ。両足どちらも自在に使えるのが理想だが、いちばん初めは、自分が踏みやすい足を使えばいい。

「利き足でペダルを踏むほうが自然」という人もいれば、「利き足はボートに置いて踏んばって、エレキは逆の足で」というのが楽な人もいる。

右足を中心に踏むなら、フットペダルも船のやや右寄りに置こう。左足なら左寄りにしておく。

右足でペダルを踏むケース。アングラーの身体が進行方向の左を向くので左側へのキャストがしやすい。後ろに同船者がいるときは、ルアーが当たる危険があるため、オーバーヘッドまたは右からのサイドキャストを心がける

左足でペダルを踏んでいるケース。ボートの右側へのキャストがしやすい。
同船者がいるときはオーバーヘッドないし、バックハンドキャストで投げる

右足だけで踏む場合は、ボートの進行方向に向かって左側へのキャストがしやすい。アングラーが自然と左を向く体勢になるからだ。たとえば岸際を撃っていくようなときは、自分の左側にショアラインが来るようにしよう。

では逆に、「自分の右側」にショアラインが来るシチュエーションならどうする?

両足でエレキを使えるなら、左足でペダルを踏むのがもっとも自然な方法。けれど操船がおぼつかないようだったら、Uターンしてねらっているショアラインを逆方向から流せばいい。こうすれば再び「自分の左側」にショアラインが来る。

ただし実際のフィールドでは、風や流れの影響があるので流す方向を自由に選べないことも多い。やっぱり最終的にはどちらの足でもエレキを操作できるのがベスト。というか、釣りをしているうちに「両足で踏みたい!」と思うようになるはずだ。

風と流れ、ボートの進行方向

操船しながら釣りをするとき、もっとも避けたいのは「ボートが意図しない動きをしてしまう」という状況だ。

1箇所に留まって丁寧に釣りたいのにボートが押される、スムーズに流していきたいのに左右にブレる……などなど、意図しない動きが多いとストレスフルだし、釣果の面でもマイナスにしかならない。

そのためボートを流すときは、風があれば「風上」に向かって、流れがあれば「下流から上流」へと進んでいくのがセオリーだ。

風や流れに逆らってボートを動かすのは、一見、エレキにとって非効率的に思えるかもしれない。たしかにそうなのだ、風が強いとバッテリーも食うしね。

それでもこの方法がおすすめなのは「意図しない動き」を制御しやすいから。たとえば風が「100」の力で吹いているとき、エレキを「100」の力で前方に踏んでやれば、ボートを一定の場所に留めることができる。さらに前進したければエレキをスピードアップすればいい。

これとは反対に、風下にボートを流すケースを考えてみよう。

風が後ろから吹いてくるので、ボートをステイさせるにはエレキをバックの方向に踏み続ける必要がある。だがこれは左右へのコントロールが難しいうえ、非常に疲れる。風に逆らうエレキの操作（＝バック方向）と、釣りに必要なエレキの操作（＝前進方向）が真逆なので、ペダルの余計な操作が増えてしまう。

また、放っておくとボートがねらったスポットにどんどん近づいてしまうというデメリットもある。この場合も、風上に流していればエレキを踏まないかぎり近づきすぎることはないし、スポットとの距離感を微調整しやすい。

このセオリーは「風」を「流れ」に置き換えても一緒だ。

ただし例外もあって、広大なウイードエリアをチェックするような場合、ほどよい速度の風や流れがあれば、エレキを踏まずにゆっくり流していくこともある。

あるいは同じストレッチを流すとき、まずは風下へ流しながらすばやく巻きモノでチェック、帰りは風上へボートを進めてゆっくりワームを撃つ、という作戦もアリだ。

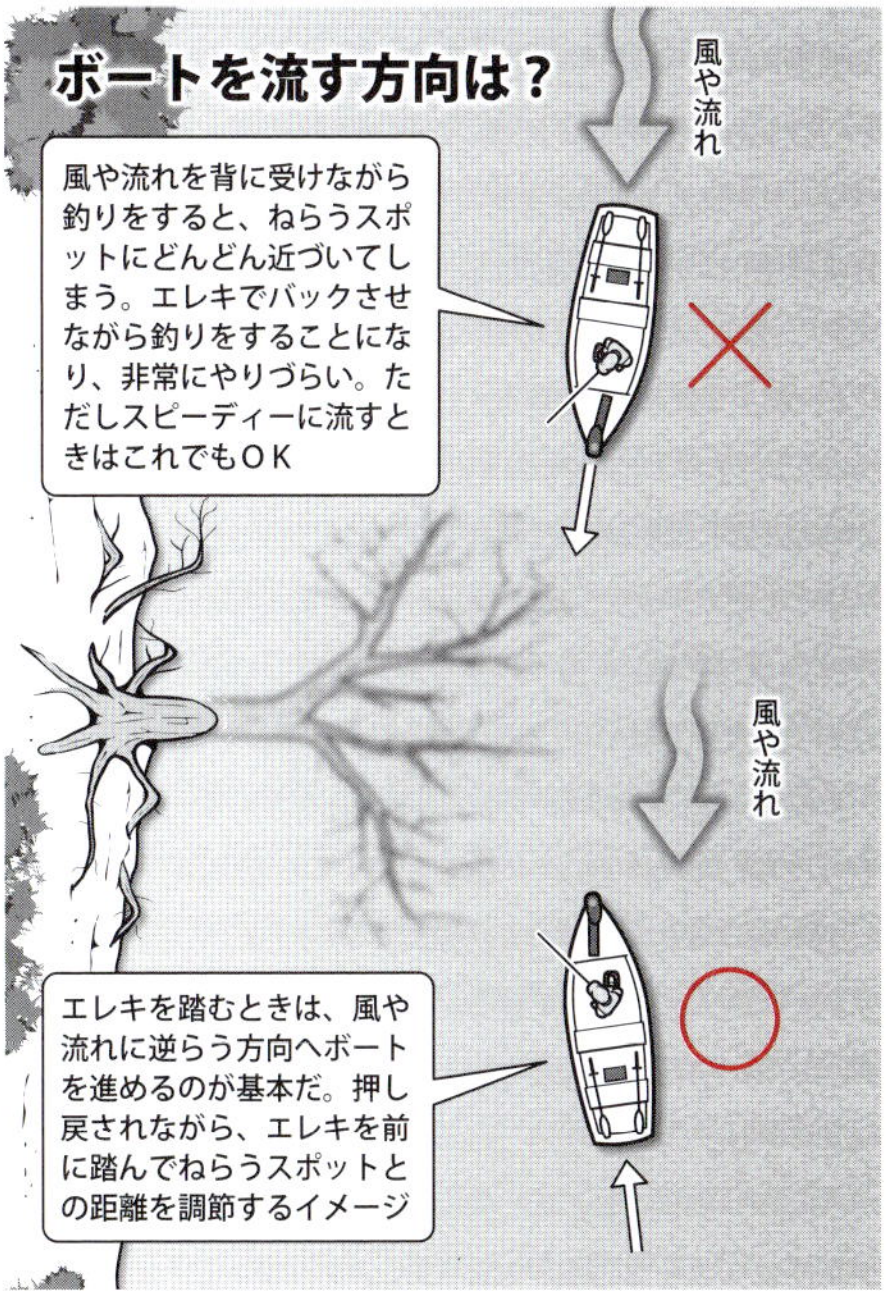
ボートを流す方向は？
風や流れ
風や流れを背に受けながら釣りをすると、ねらうスポットにどんどん近づいてしまう。エレキでバックさせながら釣りをすることになり、非常にやりづらい。ただしスピーディーに流すときはこれでもＯＫ
風や流れ
エレキを踏むときは、風や流れに逆らう方向へボートを進めるのが基本だ。押し戻されながら、エレキを前に踏んでねらうスポットとの距離を調節するイメージ

利根川でカバーを撃っているようす。画面右側が上流なので、流れに逆らうようにボートを進めている。ねらいは右下のブッシュ。近づきすぎたと思ったら、エレキを離せば自然と距離が保てるし、不用意に近づいてしまう恐れがない

キャストとボートの速度

エレキの操作に慣れてきて、ある程度はボートを思いどおりに動かせるようになった。ところが、ルアーを投げはじめると途端にギクシャクする……という人も多いのではないだろうか。

「エレキでカバーに接近→ストップ→船が止まったら、キャスト→アクション→釣れない→ピックアップ！→またエレキを踏んで移動……」

これでは、せっかくのボートの機動力を生かしているとはいえない。ボートをスムーズに流しながらキャストできるほうがカッコいいし、釣れる確率もアップするはずだ。

バスプロが釣りをしている映像を見ると、ごく自然に釣りをしていて、まるでエレキなど踏んでいないかのように思える。実際には細かくやっているんだけど、かぎりなくスムーズに感じられるのは、そのときどきの釣りに応じた「ボートの速度」を保っているから。

たとえば、岸と平行にボートを流していくケースを考えてみよう。ルアーはスピナーベイト。岸から15mほど離れ、岸に向かってキャストし、ボートべりまでリトリーブしてくるというシチュエーションだ。

まず、ルアーを斜め前方45度くらいにキャスト。着水したら、リトリーブしながらエレキで船を進め、ルアーが足元まで来たらピックアップする。

さてこのとき、あなたのルアーはどの方向から戻ってきただろうか？

ボートの真横から戻ってきていたら、ＯＫ！　そのリズムで投げ続ければ問題ない。

ところが、ルアーがボートの後方から引っぱられるように上がってきたとしたら、これはボートを進めるスピードが早すぎる証拠だ。エレキのダイヤルを回して少しスピードを落とすか、スイッチを踏む頻度を減らすといい。

一方で、ルアーが最初に投げたのと同じ方向（前方斜め45度あたり）から戻ってきたなら、ボートが遅すぎると考えよう。ほとんど移動していないので、もう少しスピードアップしないと、次のキャストでもまた同じところに投げるハメになる。

これはファストムービングルアーの例だけど、アシのストレッチをピッチングで撃つようなときも基本的には同じ

ボート速度とキャスト位置

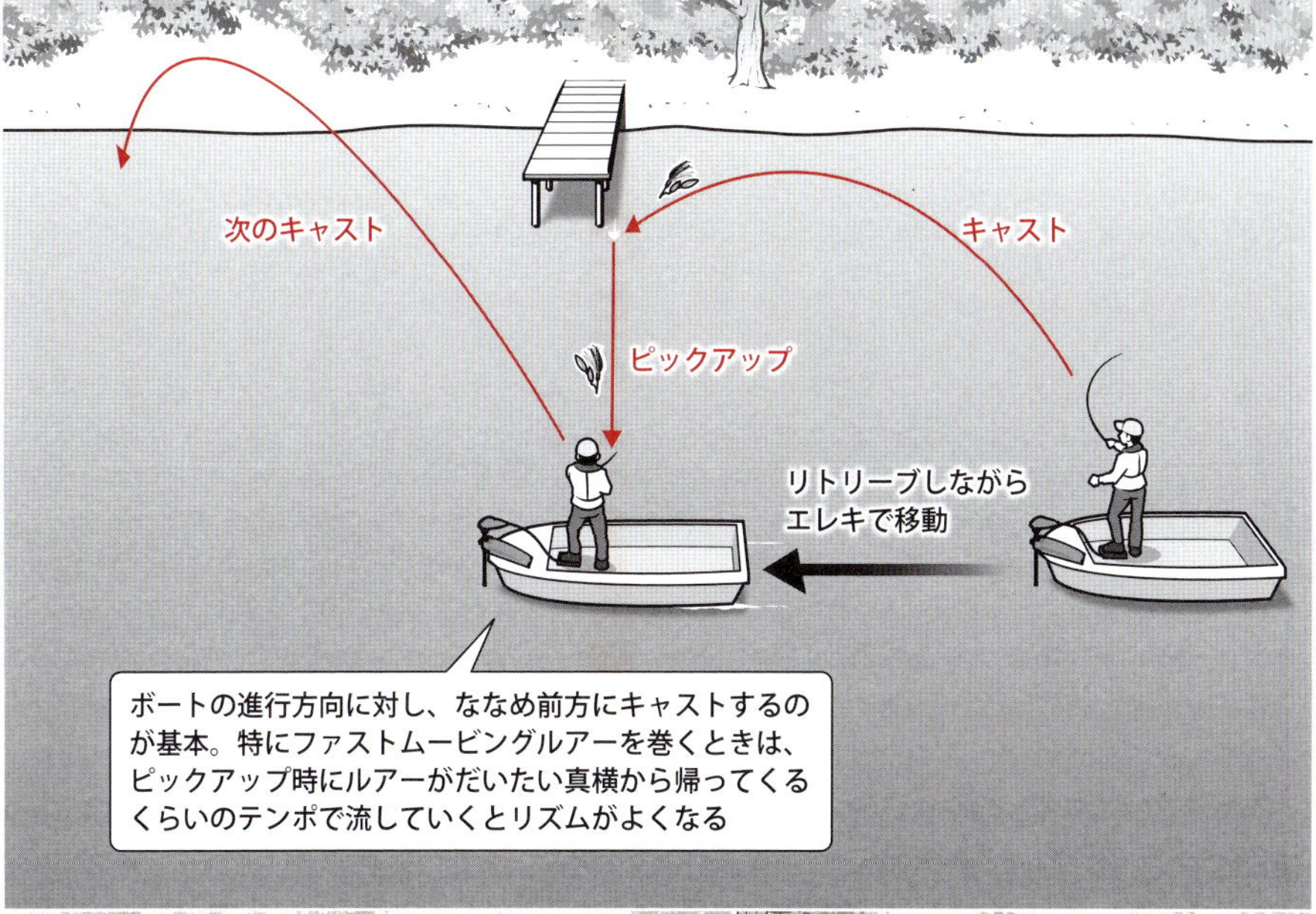
次のキャスト
キャスト
ピックアップ
リトリーブしながら
エレキで移動

ボートの進行方向に対し、ななめ前方にキャストするのが基本。特にファストムービングルアーを巻くときは、ピックアップ時にルアーがだいたい真横から帰ってくるくらいのテンポで流していくとリズムがよくなる

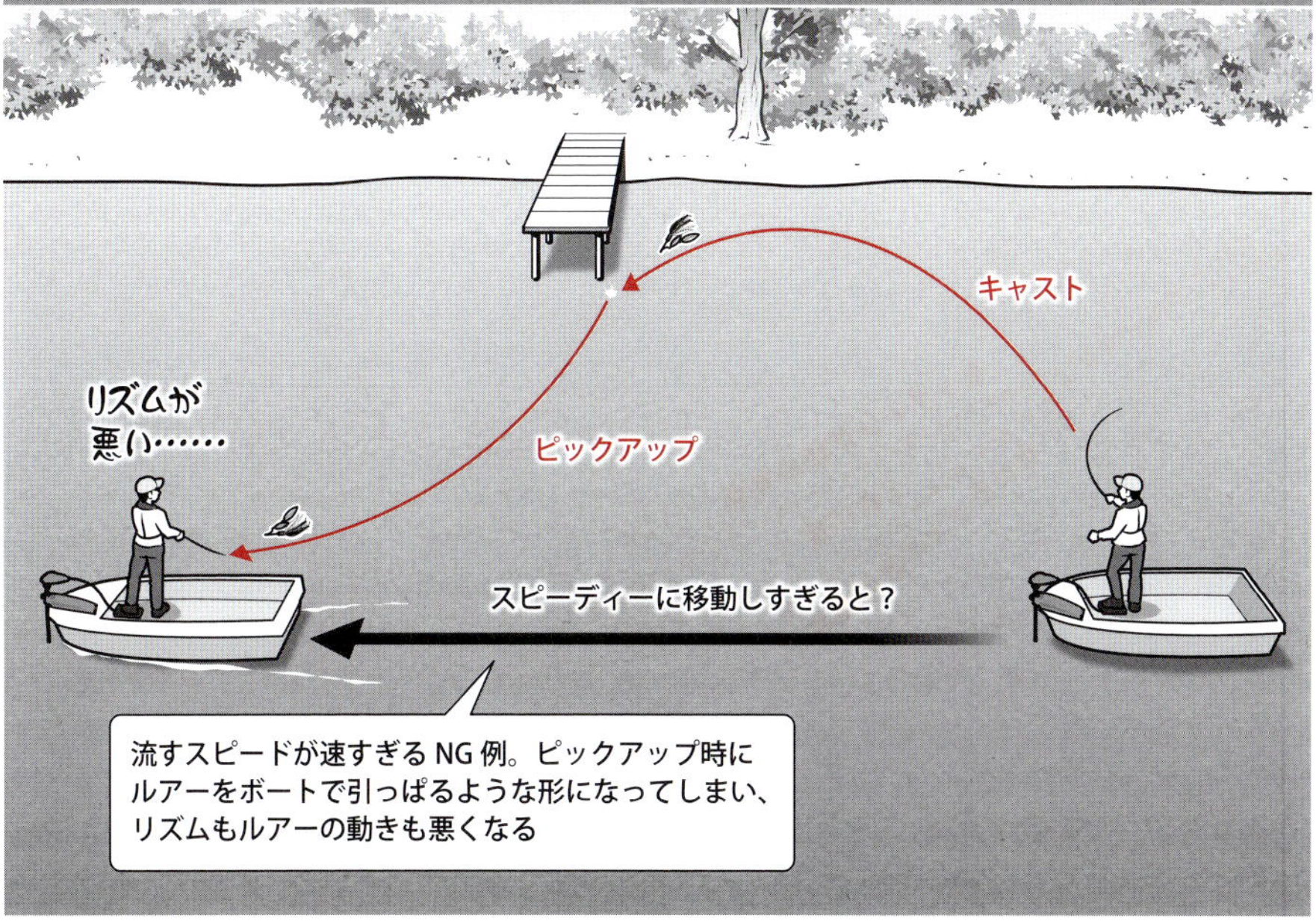
キャスト
リズムが
悪い……
ピックアップ
スピーディーに移動しすぎると？

流すスピードが速すぎるNG例。ピックアップ時にルアーをボートで引っぱるような形になってしまい、リズムもルアーの動きも悪くなる

だ。斜め前方にピッチングして、ルアーを操作しつつボートを流し、ピックアップ時には撃ったスポットの真横に来ている、という流れが理想的だ。

　すべてのケースに当てはまるわけではないが、自分のやっている釣りに対してボートの速度が適切であれば、エレキの操作は最小限ですむ。それがスムーズなボートコントロールへの第一歩だ。

ヘッドの「矢印」とフットペダルの調節

　エレキのヘッドの部分には矢印（インジケータ）が描かれている。これは「いまフットペダルのスイッチを押したら、矢印の方向に進みますよー」という目印。フットペダルを前後に踏む（つまり方向転換する）と、矢印もクルクル回転するのがわかるだろう。

　購入時のエレキは、ペダルを前方（＝つま先側）いっぱいまで踏み込むと、矢印が0度の方向になるようにセッティングされている（左イラスト参照。ただし個体差もある）。これは船がバックする状態だ。

　この状態から、今度はペダルを後方（かかと側）に踏むと、矢印は0度→90度→180度……と回っていき、後方にめいっぱい踏んだ状態が360度、すなわちバックになる。

成田式ではノーマルの状態（セッティング❶）から点線のようにシャフトを約10度回転させてマウントに固定していることが多い

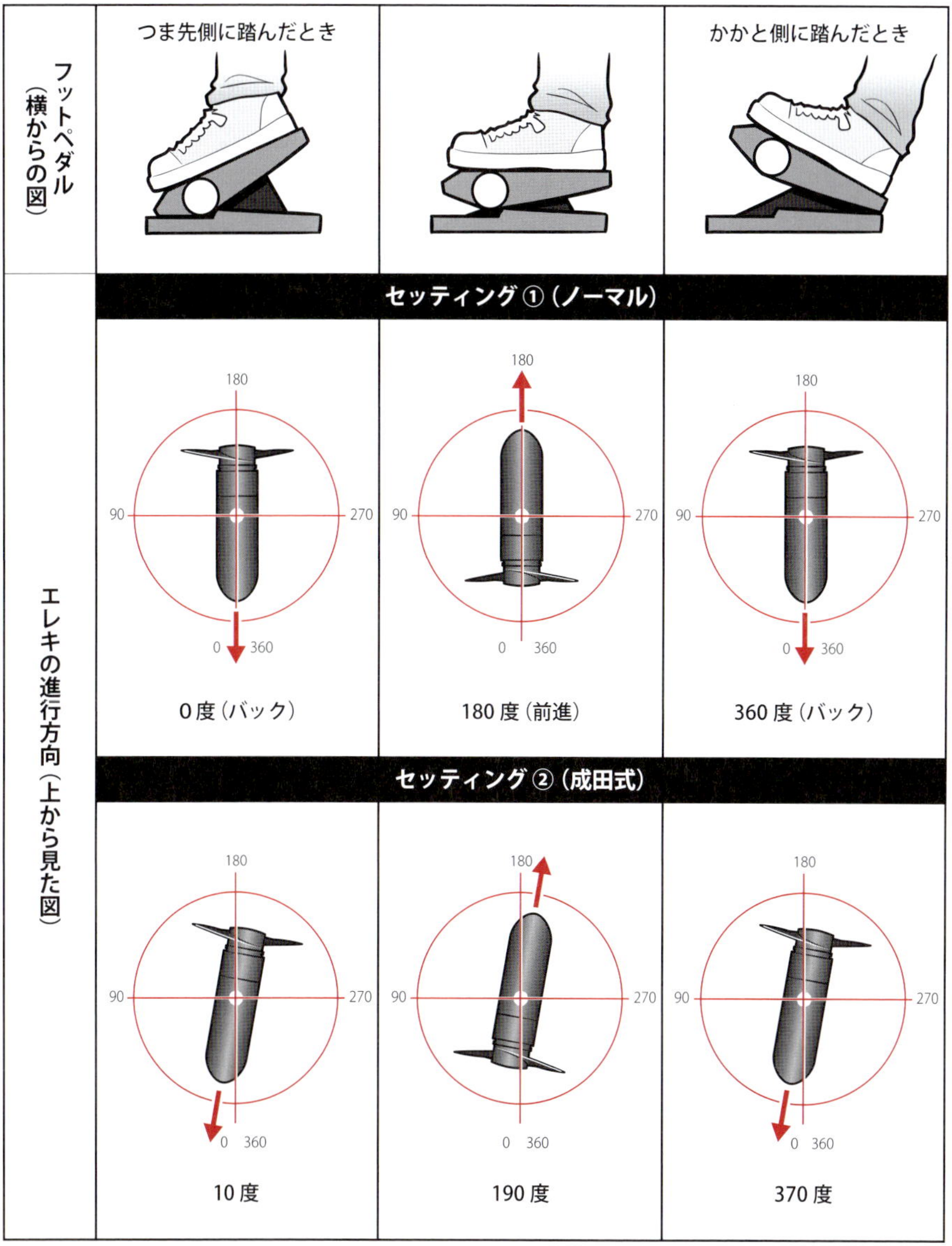
フットペダル（横からの図）
つま先側に踏んだとき
かかと側に踏んだとき
エレキの進行方向（上から見た図）
セッティング①（ノーマル）
180
90
270
0
360
0度（バック）
180度（前進）
360度（バック）
セッティング②（成田式）
10度
190度
370度

成田式のセッティングは、ノーマルのセッティング（①）から右へ 10 度ほどズラしてある。バック時の微調節がしやすいだけでなく、前進する際もメリットがある。釣りの最中に使う頻度の高い「170 ～ 190 度（ペラの角度）」でのペダルの位置が水平～やや前下がり気味になり、楽な体勢で踏めるからだ。

矢印の向きとペダルの向きの関係は、エレキ内部のギアをいじって調整することもできるのだが、初心者はそこまでする必要はないだろうこのセッティングでは「前後どちらかにめいっぱい踏み込んだときがバック」（0度および360度）なので、基準がハッキリして扱いやすい（イラスト内のセッティング①）。

ところが、この方法だと使いづらい局面があることに僕は気づいた。ボートをバックさせながら、直進するだけでなく、方向を微調整したい場合だ。

たとえば右記のセッティング①で、矢印を360度の方向にしてバックするとき、「ちょっと右斜め後ろに行きたい」ときは簡単。ペダルを少し起こして、矢印を340〜350度あたりに向けてやればいい。

だけど「ちょっと左斜め後ろに移動」が面倒くさいのだ。なぜなら、矢印を365度とか370度に向けることはできないから。

この場合、いったんペダルをグーッと前方に踏み込んで、5〜10度の位置（ペラの向きは365〜370度と同じ）に持っていく必要があった。

これだと使い勝手がよくないので、現在の僕のボートでは、セッティング②の状態にして使うことが多い。

方法は簡単で、マウントに取り付けているシャフトを右に10度ほど回転。こうすると、フットペダルを前方いっぱいに踏み込んだとき→「矢印の位置＝10度」、後方いっぱいに踏み込んだとき→「矢印の位置＝370度」になる。

マウントにペットボトル（中身の入ったもの）などを挟んでやると、簡易的にペラの位置を浅くできる。浅い場所で釣りをしていて、エレキがボトムに当たりやすいときの裏ワザだ。エレキのシャフトが長い場合は特に重宝する

知らないと漂流しちゃう!?
エレキのトラブルシューティング

エレキ限定フィールドの亀山湖。端から端まで移動すると10km以上あるが、ぶっ通しでエレキを踏み続けると故障の原因になるだけだ。連続走行時間は20分が限度と考えよう

ロングドライブはNG!

エレクトリックモーターは本来、エンジンを積んだバスボートの補助的な動力源としてアメリカで生まれた。したがって、エレキ単体で長時間ボートを動かすという使用方法は想定外だった。

一方、日本には「エレキ限定」のフィールドがあり、広い湖でもメインの動力として使われるケースが多い。けれど、ずーっと踏んでいるとモーターやコイルが焼けついてしまう恐れがある。

沢村幸弘さん（日本を代表するバスプロであり、古くからカスタムやチューニングを手掛けているエレキの第一人者のひとりだ）に聞いたところ、チューニングずみのエレキでも連続して使っていいのは30分が限度とのこと。ノーマルの状態だったら30分は絶対に無謀だ。

したがって、長距離を移動するときも連続走行は15～20分まで。一気に遠くまで走るのではなく、途中で釣りを挟みつつ移動するプランを組んだほうがいいだろう。

事故とトラブルを防ぐために

エレキのペラはプラスチック製だが、それでも高速で回転すると凶器になる。だからデッキに上げているときはかならずダイヤルを「ゼロ」（またはメインスイッチを「OFF」）にしておこう。よくあるのが、桟橋で荷物を積んでい

モーターガイド製はメインスイッチのON／OFFがないため、エレキを上げているときはダイヤルを「ゼロ」の位置にしておく

ミンコタ製の場合は、メインスイッチを「OFF」にしておくとペラが回らないので不慮の事故を防げる

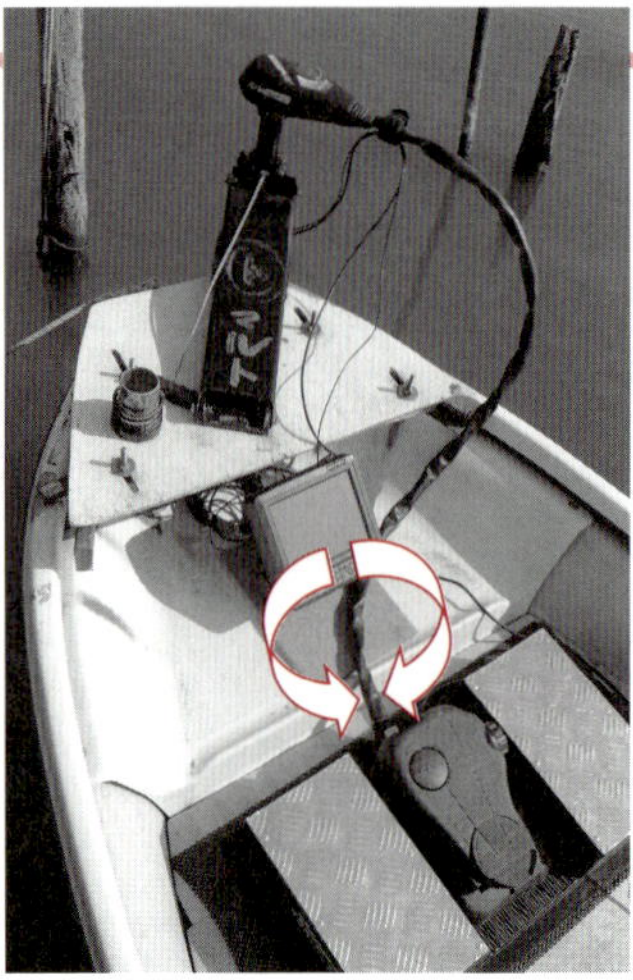

フットペダルを踏んだ感触が普段よりも妙に重いときは、ワイヤーがねじれていることが多い。ペダルを持ち上げ、ワイヤーをどちらか（ねじれが解消される方向）にひねってみよう

る際にフットペダルに触れてしまい、回転するペラで手や足を切ってしまう事故。僕の知り合いでは顔をケガしてしまった人もいたので要注意だ。

使用中のトラブルで多いのは、ペラの部分になにかを巻き込んでしまうケース。ロープやビニール袋のように大きいゴミなら回転が止まってすぐに気づくだろうが、厄介なのが釣りイトの巻き込みだ。少しの量であればペラのシャフトに絡んでもエレキは動くので、気付かずに使い続けてしまうことが多い。

こうなるとエレキのスピードが落ちるだけでなく、モーターが焼きつく原因にもなりかねない。おかしいな？　と思ったら、ペラを外してシャフトにゴミが絡んでいないか確認してみよう。

水中の岩などにエレキを当ててしまった場合も、ペラが割れたりシャフトが曲がったり、外からは見えなくてもモーター内部が浸水・故障している恐れがある。

そもそもの心得として、エレキをヒットしそうな浅い場所では注意して走行すること。なにかにぶつかりそうだったらすぐにマウントを引き上げて回避できるようにしておきたい。

エレキの調子が悪くなったら、メンテナンスを専門にしているお店に相談するのが安心だ。目立ったトラブルがなくても、1～2年に一度はオーバーホールに出してやると長持ちする。

いずれにせよ、エレキは「一度買ったら一生使える」ものではない。長い目で見ればいつかは寿命が来る、ということを頭に入れておこう。

ヒモを引っぱってもマウントが動かず、エレキが上げられないことがある。こんなときは写真のようにマウントを軽く踏みながらヒモを引っぱるといい

巻き結び

非常に簡単な結び方。
すぐに緩めることもできるので、
ロープの長さを調節しやすい

結ぶ対象物にロープをくぐらす。右手に持っているのがロープの端

ロープの端を下から上にクロスさせる

クロスさせたロープの端を、対象物の上から下へ持ってきて折り返す

ロープの端を写真の位置に通す

長いほうのロープを引っぱって、完成！

もやい結び

巻き結びよりもやや複雑で
ほどきづらいが、そのぶん確実に
固定しやすい結び方だ

結ぶ対象物にロープをくぐらせ、長いほう(写真の左手)で輪を作る

作った輪に、ロープの端を通す

長いほうのロープの下を通って、ロープの端を上にクロスさせる

ロープの端を、②で通したのと同じ輪にくぐらせる

長いほうのロープを締め込んで、完成!

BOAT LICENSE

#03 船舶免許を取る

責任あるボートアングラーの証

僕が16歳で免許を取った理由

僕が初めてボートを操縦したのは中学1年のころだった。もちろん船舶免許は持っていなかったけれど、近所にいたおじさんが90馬力の船を持っていて、東京湾で運転させてもらったのだ。そんなこともあって、自分でボートに乗りたい、自分のボートが欲しい、という思いが芽生えるのが早かったのかもしれない。

そのころはフットコンすら一般のアングラーには普及していなくて、ハンドコンのエレキを持っている人も限られていた。レンタルボートも手漕ぎがメインでエレキはほとんど置いていない。だから、ルアーショップの「エレキのレンタル」を利用していたこともあった。

ショップでバッテリーとハンドコンを借りて、いったん家まで電車で持ち帰り、週末に大人の車でフィールドへ連れて行ってもらう。そしてまたハンドコンとバッテリーを担いで電車でショップへ返却……という、今では信じられないような手間をかけてボートに乗っていたのだ。だから16歳になったとたん、僕はすぐに船舶免許を取りにいった。

僕にとってはそれが当たり前の行動だったけれど、普通はそうじゃないと思う。

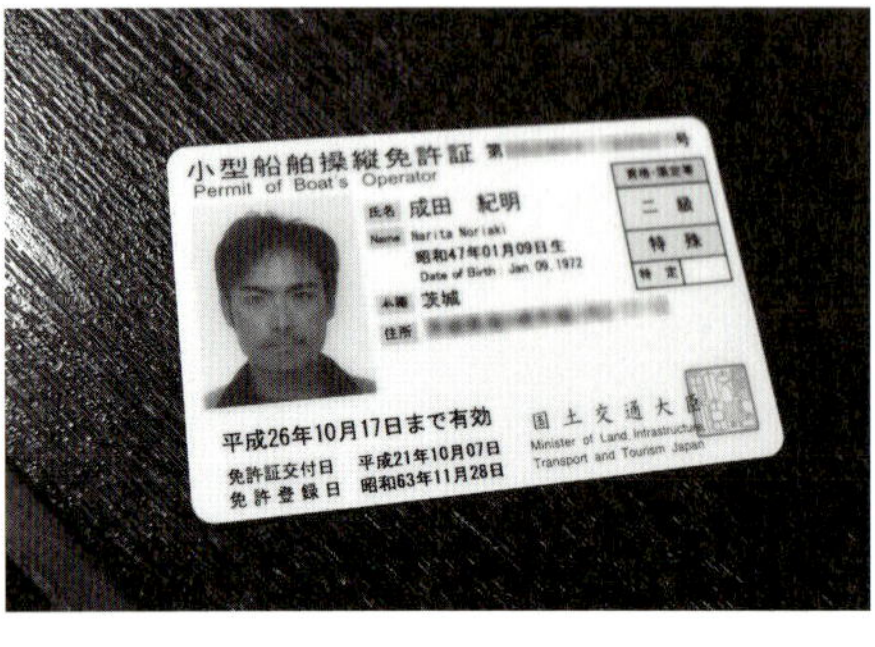

これが僕の船舶免許。自動車の免許証と同様、れっきとした身分証である

子どものころはオカッパリで、たまに手漕ぎや2馬力ボートに乗って、大人になったらボートにステップアップ、という感じだろうか？　いや、そもそも大人でもボートで釣りをしようという人もそんなに多くない。なんだか面倒くさいし、お金もかかるし、オカッパリのほうが気軽だし……。

それでも、僕はバス釣りを楽しむ多くの人にボート釣りを、そして「船舶免許」を取ることをオススメしたい。車の免許とは違って仕事で使うこともないだろうし、たくさん荷物を運んだり、旅行に出かけたりできるわけでもない。日常生活をするうえで、あってもなくても困らないアイテムだ。

だけど、こんなにも生活貢献度の低いものが、余暇の時間の使い方を大きく広げてくれるのだ。オカッパリではぜったいにねらうことのできない対岸のポイント。雑誌でしか見たことのなかったリザーバーの岩盤。ビッグレイクの沖にあるハンプやブレイク。船に乗らなければ絶対に見ることのできない景色のなかで、いろんなストレスから解放されて自由に釣りができるのは、ボートと船舶免許があってこそ、だと思う。

ちなみに、この本では免許不要艇（2馬力以下等の条件を備えたボート）についても紹介している。これはボート釣りの第一歩には適しているが、免許を持たないということは、ボートを操船することの意識や責任が希薄になるというデメリットもあると僕は思う。バスアングラーなら、「船舶免許を取ってよかった！」と痛感することはあっても、後悔することは何もないはずだ。

二級の船舶免許（二級小型船舶操縦士免許）をゲットすれば、エレキオンリーのレンタルボートからフルサイズのバスボートまで、バス釣りで使うすべてのボートを操縦することができる

船舶免許の取り方

船舶免許はどのような資格か

バス釣りで使うボートのための船舶免許は、正式には「二級小型船舶操縦士免許」と呼ばれている国家資格だ。この資格を持っていると、下のような条件で船を操縦することができる。

ちなみに18歳未満は操縦できるボートの大きさが5t未満に限定されるが、バス釣りで使うボートに関しては支障ない。そして「海域」とあることからわかるように、海釣りでも下記の範囲であればボートを操船できる。なお、水上オートバイはこの免許では運転できない。

免許スクールと費用

車の免許であれば教習所へ通うように、船舶免許の場合もスクールで教習を受けるという流れが一般的だ。独学で勉強して国家試験を受けることもできるが、ボートを持っている知人がいないと実技を練習するのは難しいので、あまりオススメできない。

スクールに通う場合、免許取得までの流れは下のとおり。

- 取得できる年齢は、16歳以上
- 「小型船舶※」を操縦できる
- 平水区域(湖、川、港湾など)、および海岸から5海里(約9km)までの海域

※小型船舶とは、総トン数20t未満の船舶のこと。ただし20t以上でも「ひとりで操縦する構造で、長さ24m未満のプレジャーボート(漁船や旅客などの業務に用いられないもの)」は含まれる

必要な日数は受講したスクールや選択するコースによっても異なるが、のべ3日間ほどで免許がゲットできるというわけだ。

「学科講習」というのは、水上でのルールや心得、法規についての教習を受ける座学。それほどボリュームが多いわけではないので、ある程度暗記すれば充分に合格できるだろう。最近はこの学科講習をネットで済ませられるスクールもある（ヤマハボート免許オンライン教室など）。

「実技講習」とは、実際にボートに乗って水上の走り方や離岸、接岸、安全確保などを学ぶもの。バス釣りで使うよりも大きなボートを操縦することが大半。たとえば小型クルーザーで東京湾に出てディズニーシーの沖で実習、といったケースもあって、非日常感が楽しめる。

これらを1日ずつクリアしたあと、国家試験（身体検査・学科試験・実技試験）をパスすれば、あなたも立派な船長だ。

なお、講習や試験は休日でもやっている。最初の土日で学科&実技の講習を受け、翌週末に国家試験を受ければ、申し込みから約半月で船舶免許が取得できるわけだ。日程や定員が決まっているので、申し込みの際に各スクールで確認しよう。

最後に気になる費用だが、合計でざっと10万円ほど。このうち国家試験料が3万円弱、申請代行料や税金が1万円弱で、残りの6万円程度がスクールの受講料になっている。

船舶免許取得の手順

❶ 申し込み・書類提出
▼
❷ 学科講習／約1日
▼
❸ 実技講習／約1日
▼
❹ 身体検査・学科試験・実技試験／約1日
▼
❺ 合格！

船舶免許の有効期間は5年。取得してから5年後に更新が必要だ。しばらくボートに乗らずに失効してしまっても、講習を受ければ再交付してもらえる

水上ルールとボート釣りのマナー

船舶免許の講習では、水上でのさまざまな規則を学ぶはず。なかでもここに挙げたふたつは特に大事な内容なので、頭に叩き込んでおこう。また、実際には相手がルールどおり回避してくれるとはかぎらない。油断せずにほかのボートの動向を観察しながら操縦しよう。

トラブルは「会話」で回避できる

バス釣りをしていると、ボート免許の講習では教わっていないケースに出くわすことが多い。

たとえば「同じストレッチを2台のボートが逆方向から流してきた」場合（75ページのイラスト）。どちらが場所を譲るべきだろうか？

厳密なルールは存在しないのだが、基本的には「流すスピードの速いボートが、遅いボートを回避して先へ進む」のがスムーズだろう。そのときは、お互いにひと声掛けて挨拶するのが当然のマナーだ。

もっと悩ましいのが「同じストレッチを2台のボートが同じ方向へ流している」ケースである。

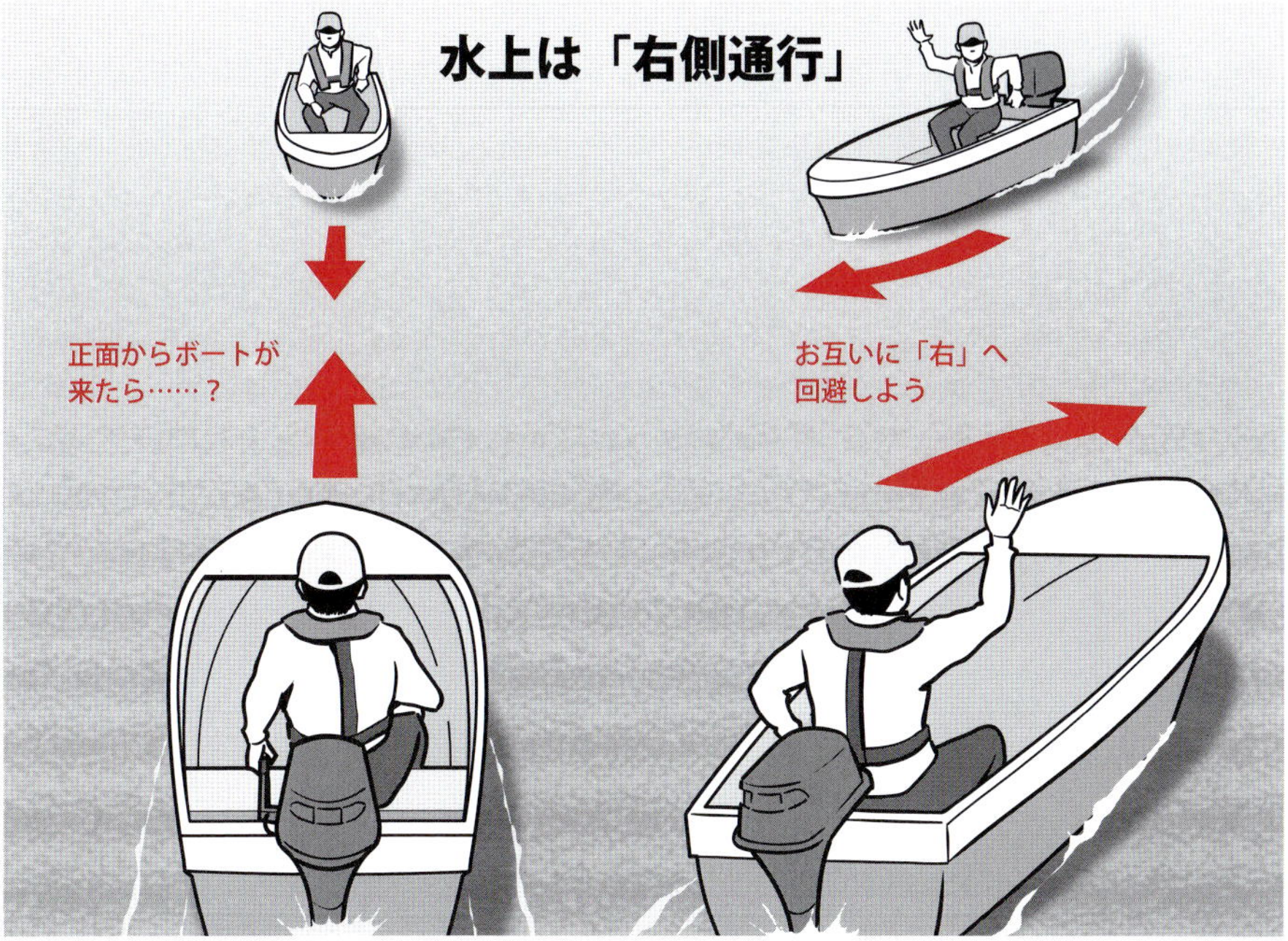
水上は「右側通行」
正面からボートが
来たら……？
お互いに「右」へ
回避しよう

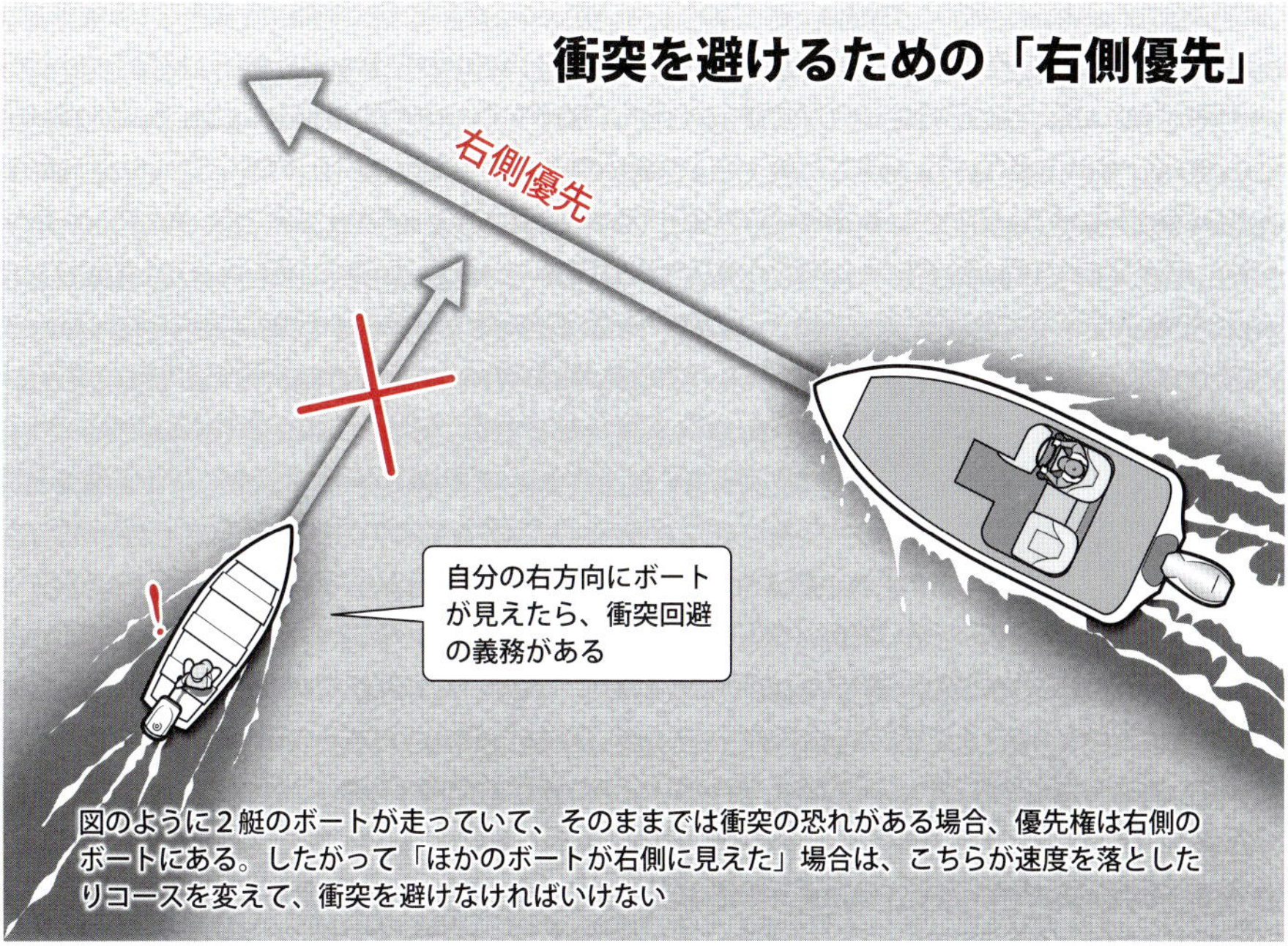
衝突を避けるための「右側優先」
右側優先
!
自分の右方向にボートが見えたら、衝突回避の義務がある

図のように2艇のボートが走っていて、そのままでは衝突の恐れがある場合、優先権は右側のボートにある。したがって「ほかのボートが右側に見えた」場合は、こちらが速度を落としたりコースを変えて、衝突を避けなければいけない

充分な距離を空けて等間隔で流していくならいい。だが、たとえばカバー撃ちをしている人の後方から、クランクベイトをガンガン巻いているボートが来た場合、やがて追いついてしまう。

後ろから来たボートは「前が邪魔だなぁ、追い抜いちゃえ！」と思ってしまいがちだが、ちょっとガマンして、「この先、やらせてもらっていいですか？」と声を掛けてみよう。

もしかすると、相手が「あそこのブッシュまではやらせてほしい、その向こうは釣らないからＯＫ」などと思っているかもしれない。黙って追い抜くのではなく、お互いに意思疎通を図ることで、気持よく釣りを続けることができるはずだ。

ほかのアングラーの近くで釣りを始める場合も、同じことがいえる。人気のフィールドでは週末ともなると非常に混雑して、エリアがバッティングすることもしばしば。

「ほかのボートから何ｍ離れればＯＫ」という決まりがあるわけではないので、15ｍ横に入られても気にしない人もいれば、１００ｍ離れていても「そこは今からねらうつもりだったのに！」と腹を立てるアングラーもいる。

相手が何をやっているのか、こちらにどうして欲しいのか、すべては「会話する」ことでしか伝わらない。あとで文句を言ってモメたり、陰口を言われたりするのはイヤだから、僕はその場でガンガン話しかけるようにしている。

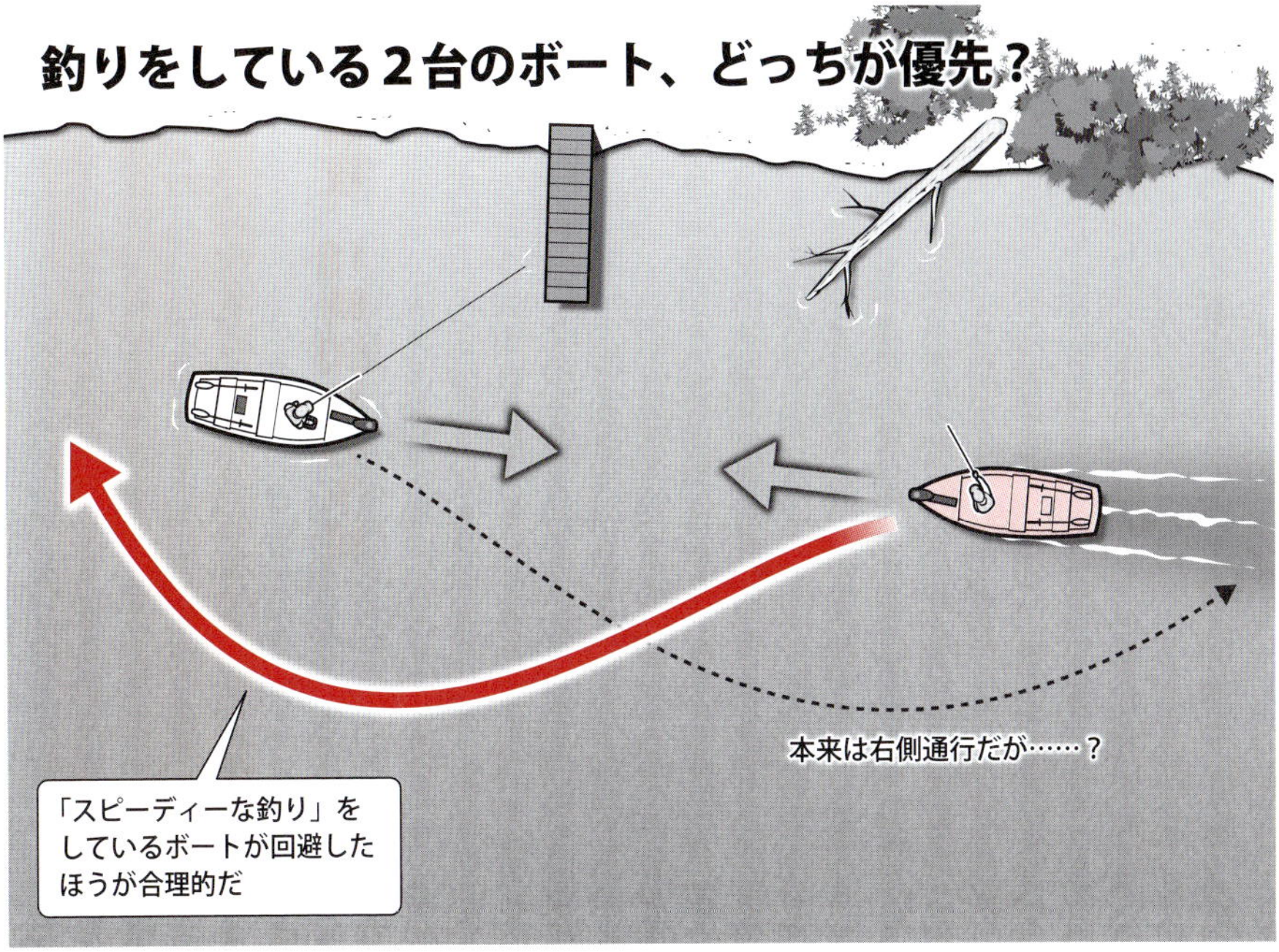
釣りをしている2台のボート、どっちが優先？
本来は右側通行だが……？
「スピーディーな釣り」をしているボートが回避したほうが合理的だ

釣り場でほかの人と出会ったら、あいさつするのがマナー。会話をすることで無用なトラブルも避けられる

雨よりも気温よりも、「風」の強弱が大問題

天候とボート釣り

釣行前夜、18時50分の予報

釣りに行く前日、たいていの人は天気予報をチェックすると思う。「一日中快晴だから日中は食わないかも、だから早めに出発してモーニングバイトをねらうおう」とか、「午後から雨予報だしレインウェアを入れとかなくちゃ」とか、いろいろ対策を立てているに違いない。

しかーし！　ボートに乗るのであれば、いちばんチェックしなくちゃいけないのは「風」である。

風は怖い。たとえどしゃ降りの雨でもガマンできれば釣りはできるが、強風のなかではボートがまともに操船できない。それどころか、命の危険にさらされることもある。

僕が高校生のころからお世話になってきた霞ヶ浦・マルトボートのおっちゃんは、18時50分になると毎日ＮＨＫをつけて天気予報を確認していた。海の船宿さんも今ではネットを使うが、昔はだいたいこの予報で翌日の営業・休業を決めていたところが多いようだ。

レンタルボートを利用する場合は、お店側が危険性の有無を判断してくれることも多いので、前日の昼ごろに確認の電話を入れておくといい（夜は迷惑になるので電話しないこと）。

ボート店が営業していても、途中から風が強まることだってある。あらかじめ自分で風の予報をチェックするクセをつけておきたい。

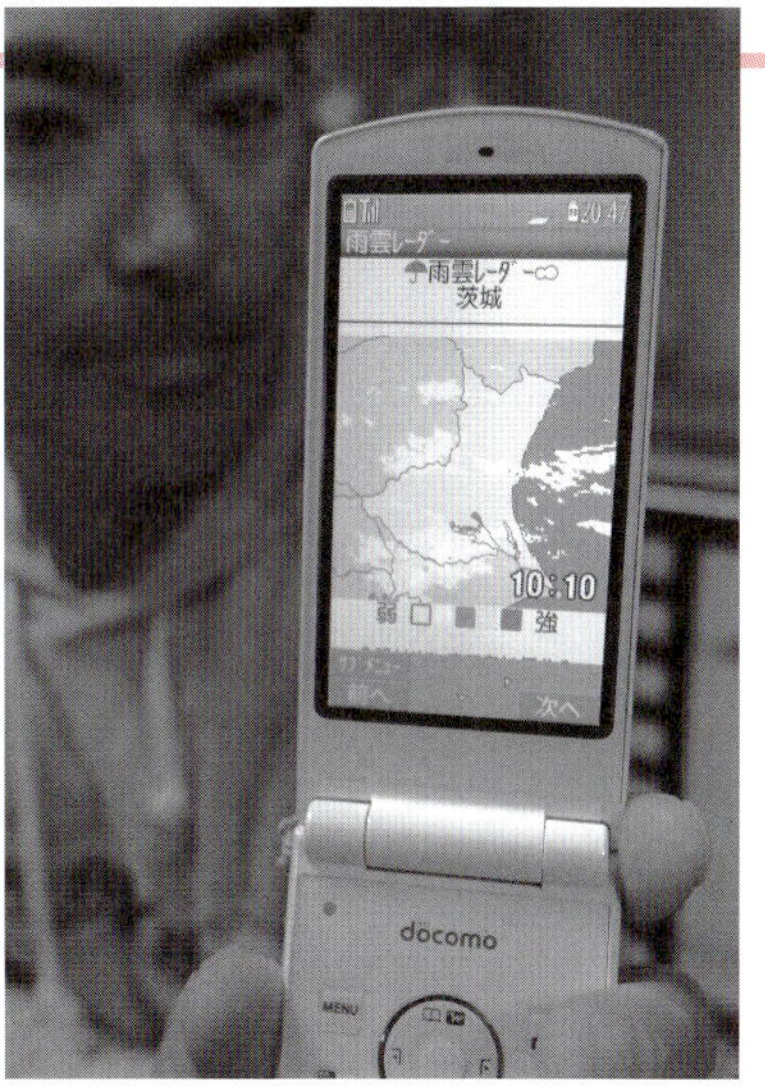

ゲリラ豪雨対策にはリアルタイムの情報がわかる雨雲レーダーも便利

ゴルフ場の天気予報は超便利！

僕の場合は、常にスマホで2種類の天気予報を確認している。ひとつは『Yahoo!天気』、もうひとつは『ウェザーニュース』。なぜふたつチェックするかというと、それぞれ微妙に予報のさじ加減が異なるからだ。

風速に関していうと、前者はやや甘め、後者は厳しめの予報が出る傾向がある。たとえばYahoo!天気で〝風速3m〟だったら、ウェザーニュースは〝風速5m〟というぐあい。これを見比べて、「だいたい3～5m吹くだろう」とイメージしておくわけだ。

また、チェックする地域もポイント要注意だ。たとえば霞ヶ浦のある茨城県を調べると、まず広域として「水戸（北部）」「土浦（南部）」という2箇所の予報が出ている。だけどこれでは大ざっぱすぎるし、信用性も低い。

そこで僕が頼りにしているのが「ゴルフ場」の予報。ゴルフもボート釣りと同様に風が大きく影響するスポーツなので、細やかな情報が得られるからだ。ちなみに『Yahoo!天気』で茨城県のゴルフ場を捜すと、なんと97箇所も登録されていた（2014年8月現在）。あらかじめ釣り場にいちばん近い施設を捜して、スマホにブックマークしておくといい。

危険な風速の目安は？

どのくらいの風速であれば釣りを中止するか、という目安はフィールドによってかなり違う。

僕は普段、カスミ水系を中心にガイドサービスを営んでいる。霞ヶ浦は周囲に遮るものがほとんどないフィールドなので、風の影響もかなりシビアだ。

前日の予報で「北西～西寄りの風が5m」だった場合、かなり荒れることが予想できるが、釣りが不可能な状態ではない。「どうしましょうか？」とお客さんに相談するレベル

危険を感じたら
屋根のあるところに
避難しよう！

風のほかにもうひとつ、釣りをしていて怖いのが「雷」だ。特に、カミナリ雲が風上にあったら近づいてくる可能性大なので、すぐに避難しよう。橋の下、水路やトンネルの中など、下に潜り込める避難場所を常に頭に入れておく。ただし岸辺の大木の下で雨宿りするのはNG！　避難する場所がなければ、最終的にはボートを停めて上陸しよう

だ。「風速6ｍ」だった場合は中止する可能性大だが、どうしてもその日しか釣りができない、というお客さんであれば、風裏を捜してなんとかする。

だが「北西の風7～10ｍ」という予報が出ていたら、誰がなんと言おうと即中止。霞ヶ浦の波をナメてはいけない。

一方で、すぐそばの利根川へ移動すれば、風速が7～8ｍを超えても出撃できることがある。両岸を高い土手に挟まれているので、風向きによっては影響を受けづらいからだ。

入り組んだ地形のリザーバーでも同じことがいえる。たとえば亀山湖は、エレキ限定のフィールドなので風が吹き抜けるエリアでは非常に釣りづらい反面、どこかにかならず風裏ができる。そういう場所だけを釣っていけば、ある程度風があっても対処できるからだ。

風速だけではない。いつごろ吹くのか、どの方向から吹くのかも把握しておこう。

午前は無風、午後から南風が吹く予報であれば、朝はまず南側のエリアをチェックしておく。すると午後は風を利用して戻ってくることができるので、バッテリーの消費量を抑えることができる。こんなふうに、風の変化と対処法を頭のなかでシミュレーションしておこう。

このページでは僕が目安にしている風速を書いたが、これはあくまで「僕の判断基準」。少しでも危険だと思ったら、たとえ風速1ｍだろうが、自分の判断を信じて早めに避難してほしい。もしかすると、ほかのアングラーから「このくらいの風でやめちゃったの？　全然平気なのに」とか言われるかもしれないが、気にする必要はない。

ボートに乗ったらあなたがキャプテン！　人の価値観に惑わされず、責任を持って判断してほしい。

HOW TO USE FISH FINDER

#04 魚探を活用する

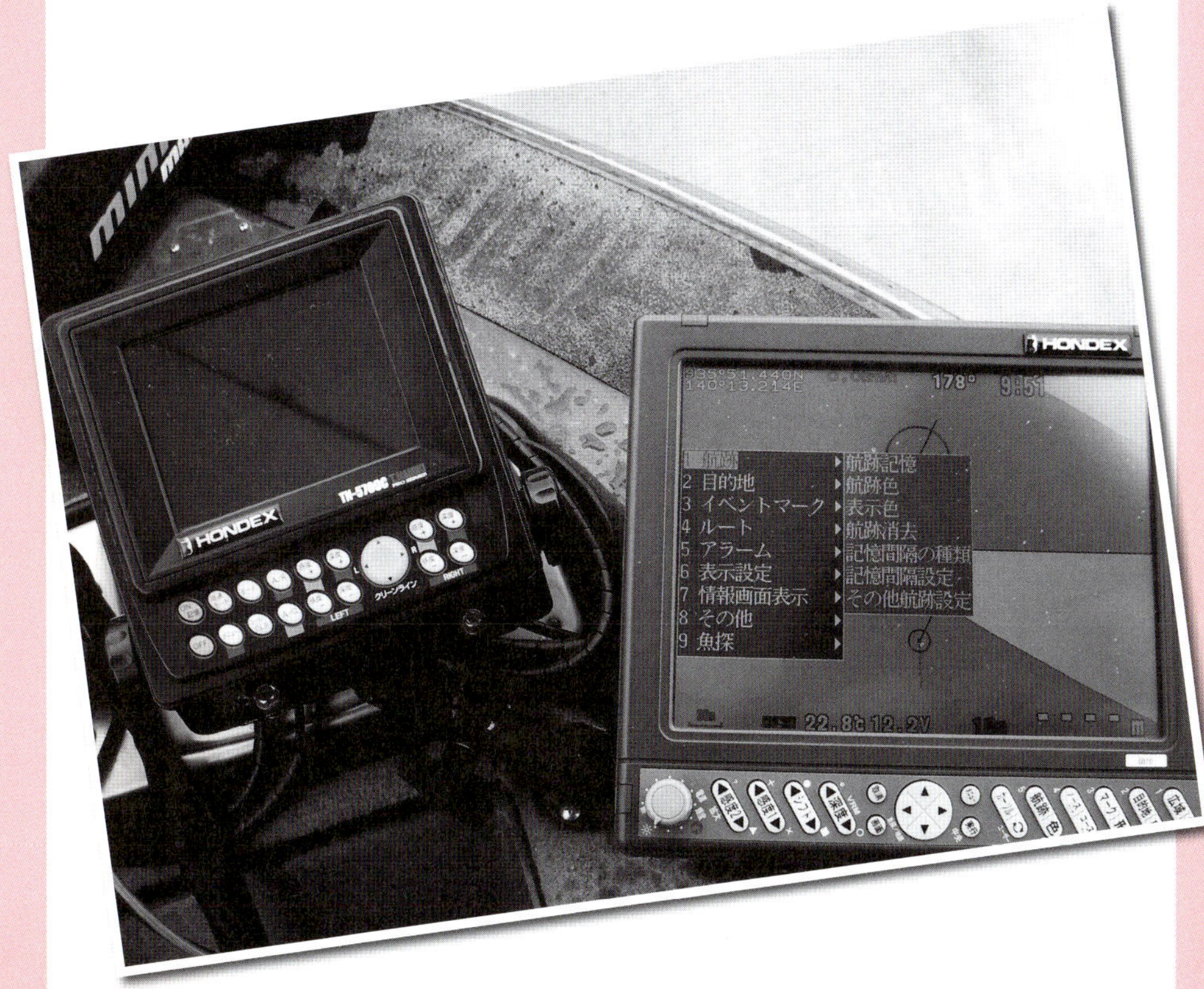

魚探は何のためのもの？

水深を確認するための道具

オカッパリとボート釣りの大きな分水嶺のひとつが、魚探の存在だ。「魚探があったらそりゃ釣れるよね」と思っているオカッパリアングラーも多いはず。たしかに魚探は、ないよりもあるほうがいい。ボートでバスを釣るうえでなくてはならないアイテムだ。

だけど「魚探は何のための道具か？」と聞かれて、即答できる人は意外と少ないんじゃないだろうか。

「魚群探知機」という名称からまず思い浮かぶのは、「魚をダイレクトに捜して表示してくれる機械」というイメージだ。僕も初めて魚探を買ったころ、お風呂に振動子を突っ込んでみたり、マンションのベランダからぶら下げたりしてみたことがある。魚探は「下にある物体の形がわかるもの」だと勘違いしていたから。けれど、あくまでも魚探は、音波をボトムに向かって放射し、再び跳ね返ってくる音波をキャッチしているだけ。その途中で音波を遮ったり弱めたりする「何か」を、液晶画面のモニターに映しているだけなのだ。

そのなかでもっとも重要なのは、バスやベイトフィッシュを映し出すことで

魚探がなければ、水中に棒やロッドを突っ込んで水深を測りながら釣りをすることになる……そんなのイヤだ（笑）

魚探の仕組み

魚探の液晶画面には、振動子がキャッチした情報が順番に表示されていく。画面の右端がボートの真下の情報。

「点」としての情報を繋いで表示しているだけなので、ボトムの形状をそのまま映し出しているわけではない。

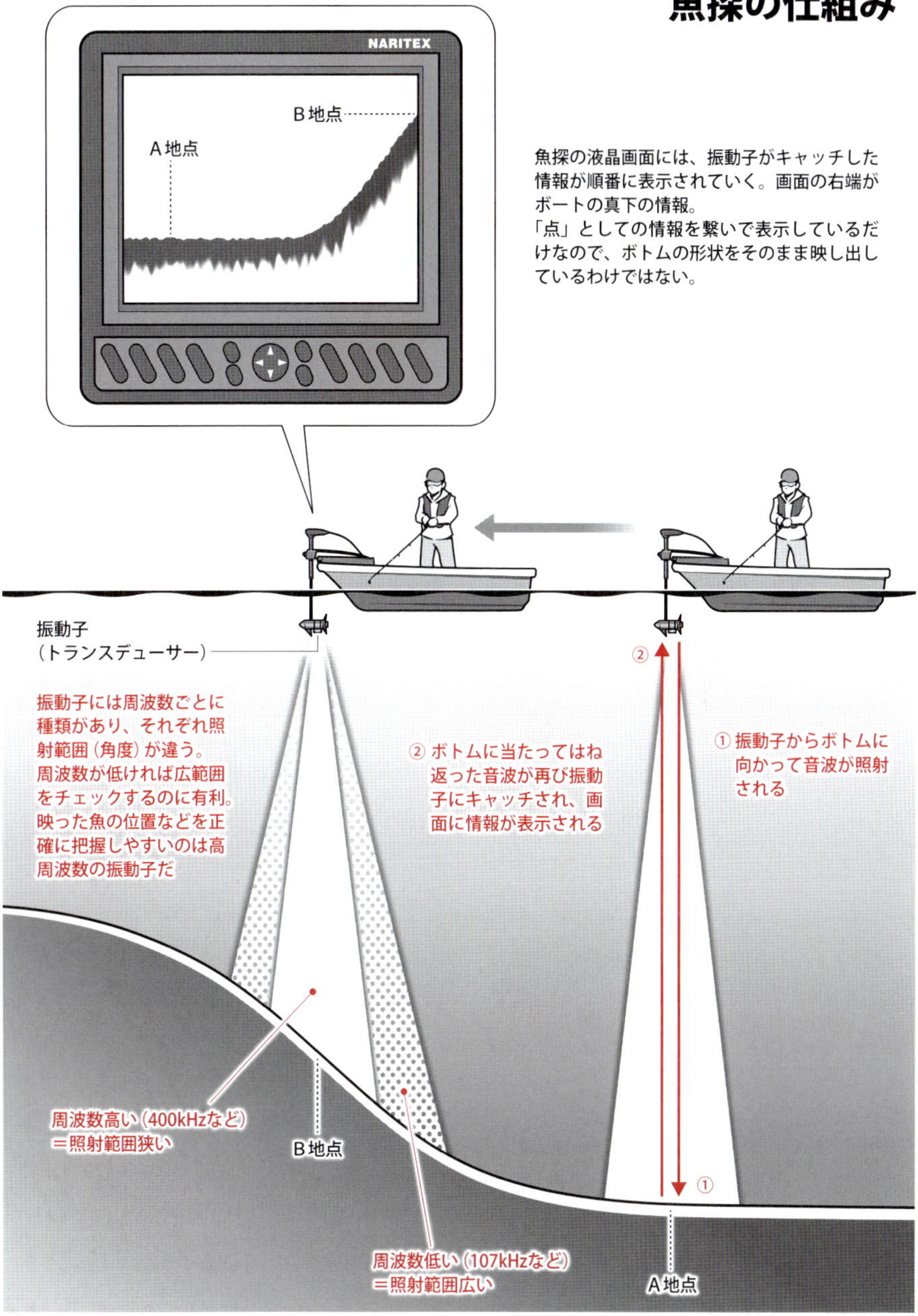
NARITEX
B地点
A地点
振動子
（トランスデューサー）
振動子には周波数ごとに種類があり、それぞれ照射範囲（角度）が違う。周波数が低ければ広範囲をチェックするのに有利。映った魚の位置などを正確に把握しやすいのは高周波数の振動子だ
② ボトムに当たってはね返った音波が再び振動子にキャッチされ、画面に情報が表示される
① 振動子からボトムに向かって音波が照射される
②
①
周波数高い（400kHzなど）
＝照射範囲狭い
B地点
周波数低い（107kHzなど）
＝照射範囲広い
A地点

はない。「ボートの真下の水深を教えてくれる」ということだ。ちなみにこれ、「ボートの真下の地形」ではないところがポイント。あとで使い方と一緒に説明するが、厳密にいうと魚探は「地形」を映し出すものではない。

アングラーは「水深」というヒントを得て、地形変化や障害物、バスの付き場をイメージしたり、使うべきルアーを判断したりする。こうした作業を手助けしてくれるのが魚探という道具なのだ。

魚探の選び方

ホンデックスorローランス？

魚探の選択肢は、まず大きく分けてふたつある。本多電子という日本の会社が作っている「ホンデックス」、そしてアメリカ製の「ローランス」だ。

僕は昔からホンデックス製の魚探を愛用している。いろんな理由があるけれど、いちばん気に入っているのは直接キーが多くて、スピーディーに操作しやすいところ。一方のローランス製は、まずメニュー画面を開いて、また次の項目を開いて……という感じになっていて、設定をいじるのが面倒に感じることがある（近年のモデルではショートカットキーが搭載され、かなり使いやすくなった）。

ホンデックスの魚探は昔から直接キー（画面下部のボタン）が搭載され直感的に操作しやすいのが僕の好み。ハイエンドモデルで16万円程度だ

とはいえ、基本的な機能面ではどちらを選んでも問題はない。最近はローランス製の人気が非常に高く、GPSを搭載した魚探だけでもかなりのラインナップが揃っている。

購入する際は、できればフィッシングショー&ボートショーなどで実物を触ってみるのがいちばんだけれど、なかなかそうもいかないと思う。ネット販売で買うのが一般的になっていて、ショップ店頭で確認するのも難しい。

そこで雑誌やネットなどで情報を集めることになるが、意外と参考になるのが動画サイトのYouTube。販売店やユーザーが解説動画をアップしていることがあるので、購入前にチェックしてみよう。

画面サイズは？ カラーorモノクロ？

魚探の値段は安いものだと3万円程度、ハイエンドモデルだと数十万円のものもある。テレビと同じで、基本的に液晶画面が大きいほうが値は張る。画面サイズは小型のもので4インチ、プロがバスボートに搭載するような大型機種で8～12インチ程度だ。

では、どの程度のサイズがいいのか。結論から言うと、別に小さくても問題はない。魚探の基本的な機能である「真下の水深を知る」という面においては、画面サイズはあまり関係ないからだ。

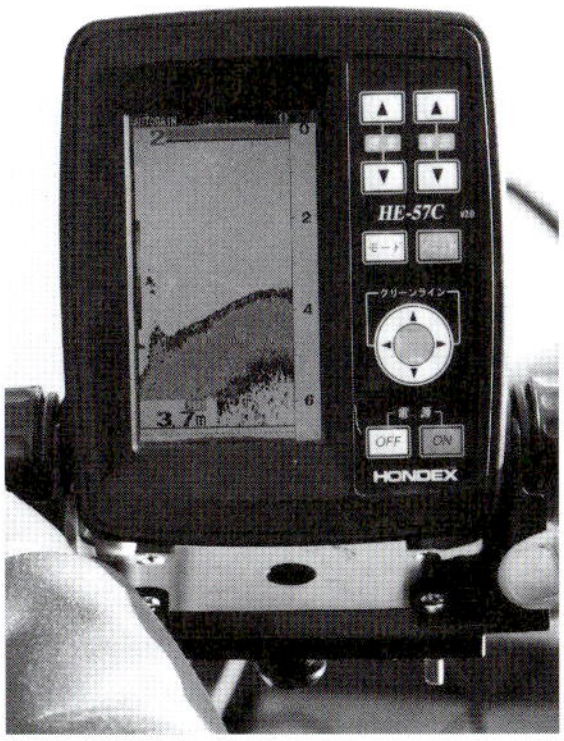

ホンデックスのエントリーモデル『HE-57C』。画面は4.3インチと小さいがカラー液晶で、充分に実践的な機能を備えている。バッテリーを使わずに単三電池だけでも動く点もメリット

近年、大人気のローランス。2014年現在でのハイエンドモデルはタッチパネル式で、さながら船上のタブレット端末。40万円を超える高級モデルからモノクロ画面の入門機まで、ラインナップの多さも魅力

しかも小型の魚探ならバッテリーではなく電池で稼動するモデルもあり、取り回しは便利だ。

ただし、当然ながら画面が大きいほうが見やすい。キャストしながらパッと視線を下ろしたとき、大画面の液晶なら1秒で把握できるところが、小型の液晶だと2〜3秒かかってしまったりする。あるいはしゃがみ込んで見つめる、なんてこともあるだろう。これまたテレビと同じで、いったん大画面に慣れてしまった人は、小さい画面の魚探を見るとかなりストレスを感じるはずだ。

それからもうひとつ、液晶画面はカラーのものがオススメだ。モノクロ画面のモデルのほうがリーズナブルだが、カラーだと設定によってボトムの種類や硬さを判別しやすい。たとえばウイードのある湖では、設定をいじってやればボトムとウイードを色の差で明確に判別することも可能になる。

GPS機能については「なくても使えるけど、あったほうがいい」という感じ。常にショアライン沿いだけを釣るのであれば魚探に地図が入っていなくても問題ないが、沖のハンプや浚渫《しゅんせつ》、地形変化がメインになるフィールドだと、いちいちヤマ立て(陸上の建物などを目印にして場所を特定すること)するのは効率が悪い。万が一、自分しか知らない沈みモノを見つけたときも、GPS魚探ならボタンひとつでマーキングすることができる。

魚探の画面サイズが大きければ、釣りをしながらでもサッと視線をやるだけで確認しやすい。画面が小さいと、細かな地形変化などは顔を近づけて見ることになるからだ。また、GPSのマップやワイドスキャンの映像などを分割表示したいときも、大きな画面のほうが有利になる

魚探のセッティング

エレキに振動子をセットする

魚探は「振動子（トランスデューサー）」と呼ばれる部分から水中に向けて音波を放射する。そのため、まずは振動子をボートのどこかにセットしなければならない。レンタルボートの場合はエレキ本体に取り付けるのが一般的だ。

まずは取り付け金具（金属製の結束バンドのようなもの）を使って、振動子をモーターの下部にセットする。こうしておけばエレキを下ろした際、音波がボートから真下に放射され、ボートの真下の水深[※1]を計測することができる。モーターの横や上部につけるとまったく意味をなさないので注意しよう。なお、水温センサー[※2]も同じようにして取り付ける。

次に、振動子から伸びているケーブルをエレキのシャフトに添わせ、ビニールテープを巻いてからタイラップ（結束用のプラスチックのバンド。ホームセンターなどで購入可）でしっかりと固定する。タイラップの数は人それぞれだが、少ないと緩みやすく、多いとゴミなどが引っかかりやすい。下にビニールテープを巻くのはタイラップの横滑りを防ぐためだ。

シャフトのジョイント付近では、ケーブルにたるみを作っておこう（次ページ写真参照）。こうしないとエレキを踏んだときにケーブルが引っぱられて断線に繋がる。

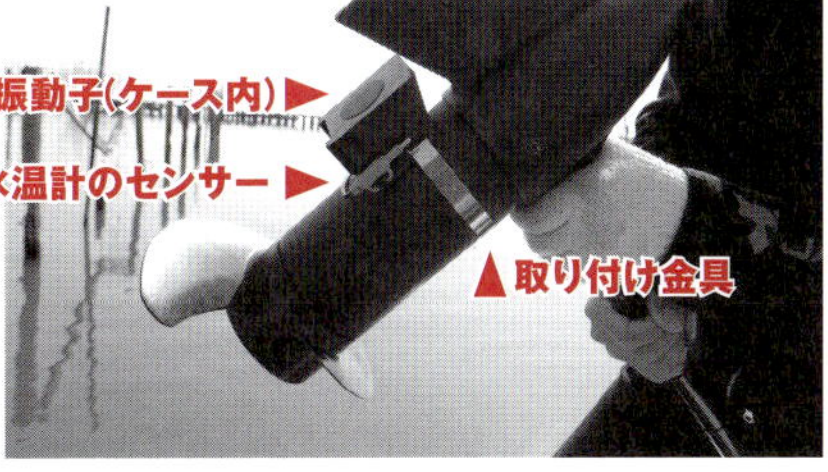
振動子（ケース内）▶
水温計のセンサー▶
▲取り付け金具

振動子はエレキのモーター部に設置する。写真の場合は、振動子を保護するためのケース（四角い部分）に入れてから取り付け金具で固定してある。金具はホームセンターなどで買って自分で設置してもいいし、ショップや販売店で作業してくれることも。なお、最初からローランスの振動子を内蔵しているモデルもある

※1　振動子は水面よりも下に設置することになるので、厳密にいうと「魚探に表示される水深＝実際の水深－振動子を設置した水深」となる

※2　ホンデックスとローランスの振動子および水温センサーは端子の規格が異なり、共用できない。使う魚探のメーカーを変えたときは振動子や水温センサーも交換することになる

この一連の作業は、エレキと魚探を同時に購入すると販売店ですませてくれる場合もある。また、エレキの一部モデルにはローランスの魚探用の振動子が内蔵されたものがあり、ケーブルがシャフト内部を通っているので見た目もスマートだ。

最後に、ケーブルを魚探本体に差し込めば振動子はセット完了。あとは電源ケーブルをバッテリーと接続すれば終了だ。出船前にエレキを下ろして魚探の電源を入れ、きちんと稼動するか確かめておこう。

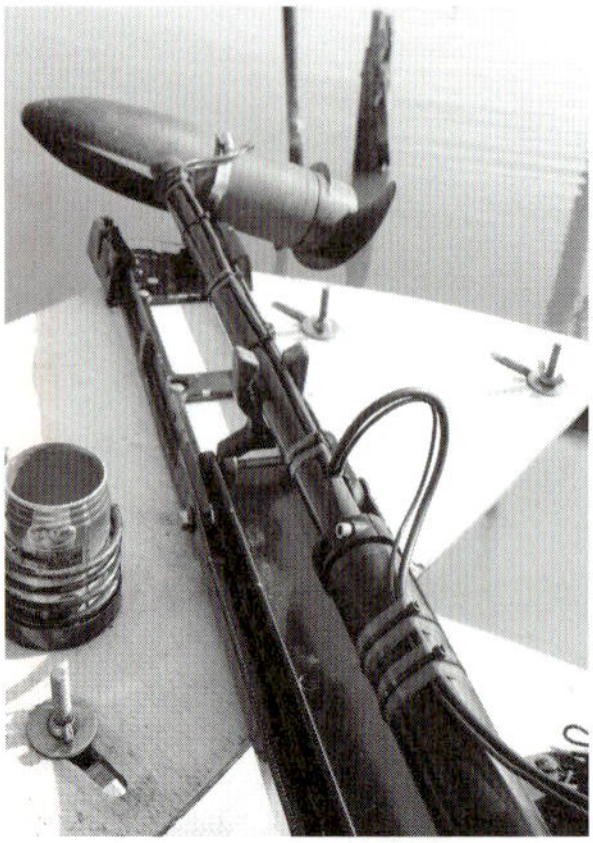

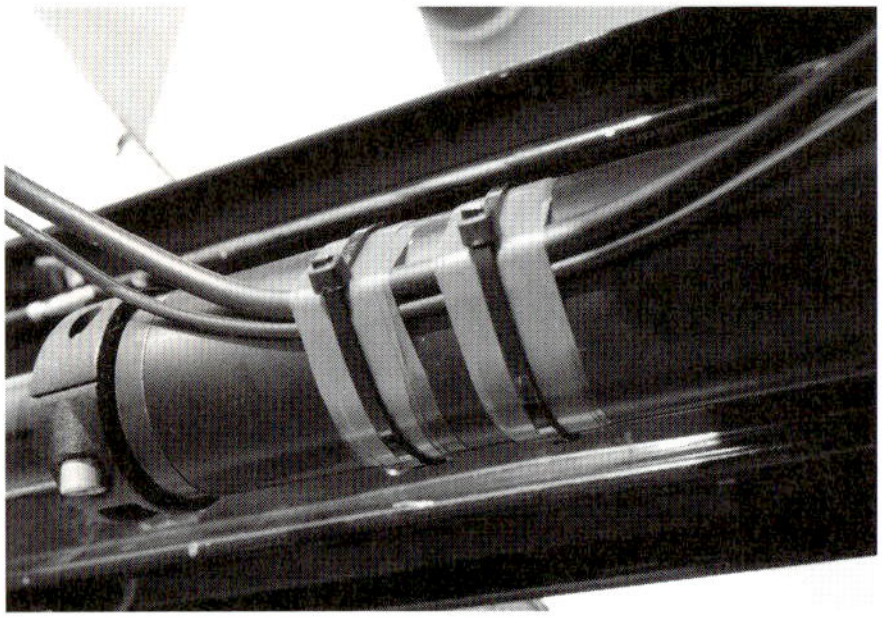

振動子と魚探本体を繋ぐケーブルは、エレキのシャフトに沿って這わせ、ビニールテープで固定。さらにその上から結束バンドを巻いて固定する

エレキのシャフトには繋ぎ目があり、この前後が回転して方向転換する。そのため、振動子のケーブルには少しゆとりを持たせておこう(指でつまんでいる箇所)

結束バンド(タイラップ)とビニールテープは、何かと役に立つのでボートに常備しておくといい

魚探の配線概要図

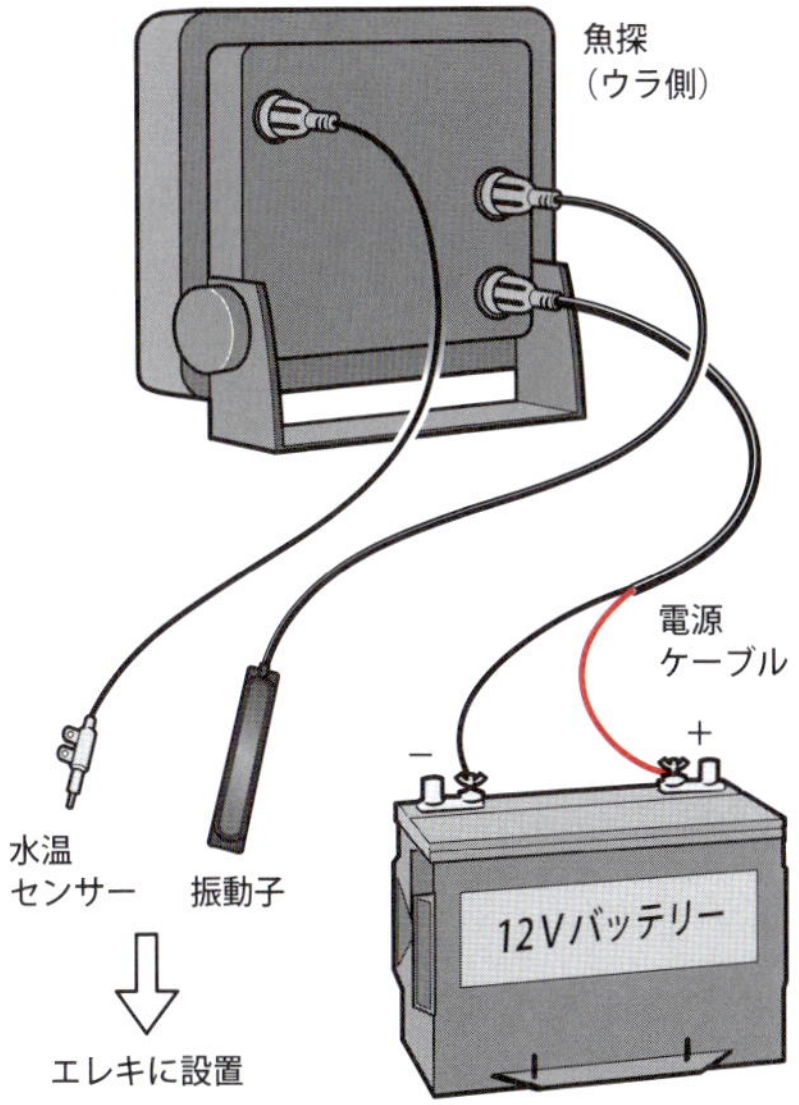
魚探
（ウラ側）
電源
ケーブル
－
＋
12Vバッテリー
水温
センサー
振動子
エレキに設置

シャフトに固定したケーブルは、そのまま魚探に繋いでもいいが、写真のようにエレキのヘッド付近にまとめておくのもGOOD。ここではロッドベルトを流用している

魚探の裏面(写真はホンデックスHE‐820)。振動子と水温計センサーのケーブルをそれぞれ固定する。2種類の振動子(2周波)を使う場合は、振動子とケーブルがひとつずつ増える。

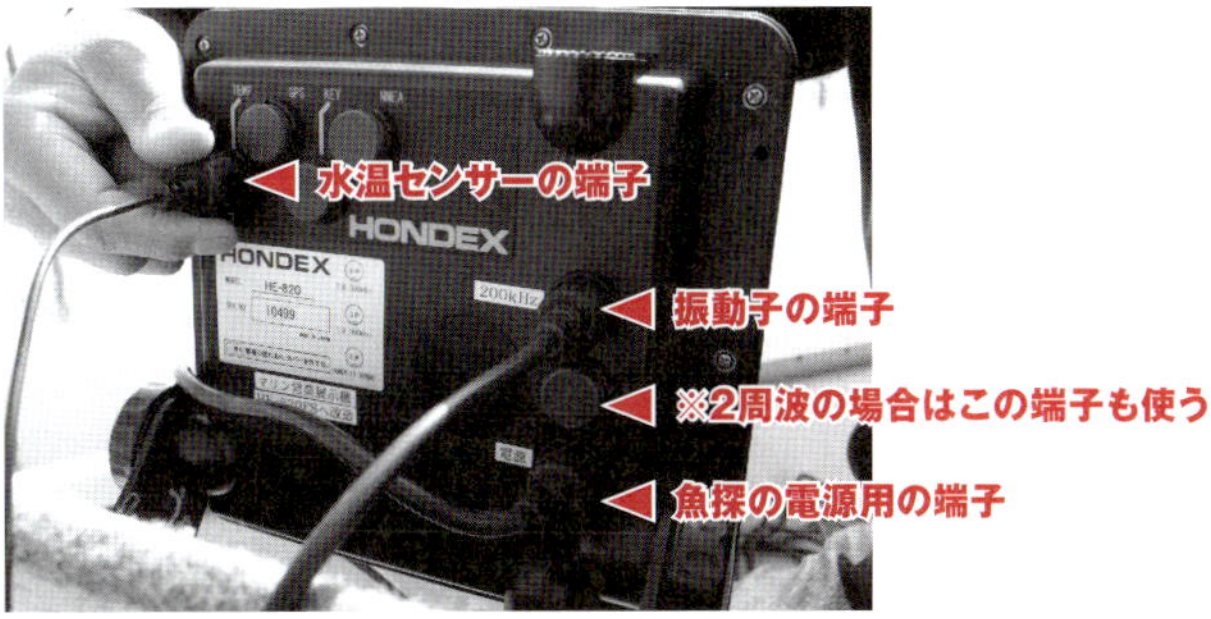
◀ 水温センサーの端子
HONDEX
◀ 振動子の端子
◀ ※2周波の場合はこの端子も使う
◀ 魚探の電源用の端子

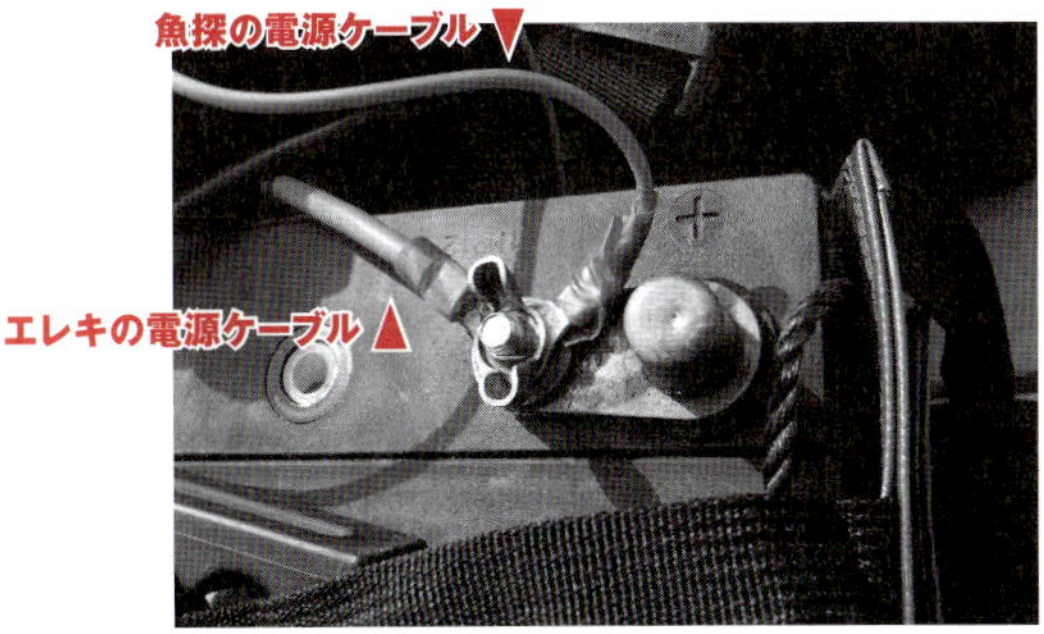
魚探の電源ケーブル▼
エレキの電源ケーブル▲

魚探とエレキのバッテリーは同じものでOK。それぞれの電源ケーブルの端子を重ねてバッテリーに繋ぐ。ただし、エレキが干渉して魚探画面にノイズが発生することも。魚探用のバッテリーを別に用意すれば解決する。なお、エレキ用にバッテリーを2個(24V)使用する場合も、魚探はそのうち1個のバッテリー(12V)に接続すること

モニターの固定方法

レンタルボートで使用する場合、魚探の本体部分（液晶モニター）を固定するにはおもに2通りの方法がある。

ひとつめは、板などに固定するやり方。魚探の足をボルトで固定して、これをボートの前方、エレキのフットペダルの前あたりに置く（28ページ参照）。自分の好きなポジションに置けるのがメリットだが、ボートの床に置くことになるため、画面位置が低くなり見づらいこともある。

もうひとつは、エレキのバウデッキに設置する方法だ。ボートの床部分より一段高い位置に取り付けられるので非常に見やすくなる。魚探の足をバウデッキにボルトで直付けするのがもっともシンプルな方法だが、角度変更などの自由度が低い。そこで、オプションパーツとしていくつかのマウントが登場している。

「ジョニーレイ」という方式のマウントは安定感があり、ワンタッチでデッキから取り外せるのがポイント。左右に回転させることも可能だ。

もうひとつが「RAMマウント」というアイテム。画面の向きや高さを自在に変えることができ、僕もバスボートでは愛用している。

いずれのマウントも、手持ちの魚探に応じたサイズを選ぶこと。また、見やすいからといってあまり高いポジションに設置すると、今度はキャストの邪魔になることがある。

右側の魚探はボルトを使ってデッキに直付けしてある（写真はバスボート）。画面の角度は変えられるが、左右に回転することはできない。一方、左のものはRAMマウントを使用しているので、前後左右の角度、および高さを調節可能だ

ジョニーレイのマウントを使用した例。左右に回転させることができ、ボタンひとつで簡単に取り外せる

魚探をボルトで板に固定する方法。船上で置く位置を自由に決めることができる

魚探の使い方

画面に映るのは「地形」ではない?!

魚探の使い方を人から教わる機会というのは、なかなかないと思う。まわりに持っている人がいれば聞くことはできるけれど、たぶんその人にしても独学で覚えたんじゃないだろうか。釣り場であれこれいじりながら次第に覚えていく、というのが一般的だ。ただし、魚探の基礎的な部分については理解しておいたほうがいい。

たとえば、「モニターに映っているのはボートの下の地形」だと思っていないだろうか?

厳密にいうと、それは間違っている。ボートを進めるスピード、または画面の「送りスピード」によって、魚探のモニターに表示される映像はまったく変わってきてしまう。

下にあるふたつの写真は、まったく同じブレイクを通過したときのものだ。上は画面の送りスピードが「2」の状態。下は「4」に設定している。「送りスピード」というのは、液晶画面上の映像を右から左へ送っていくスピードのこと。つまり、上の画面のほうが画面が流れていくスピードが遅いわけだ。

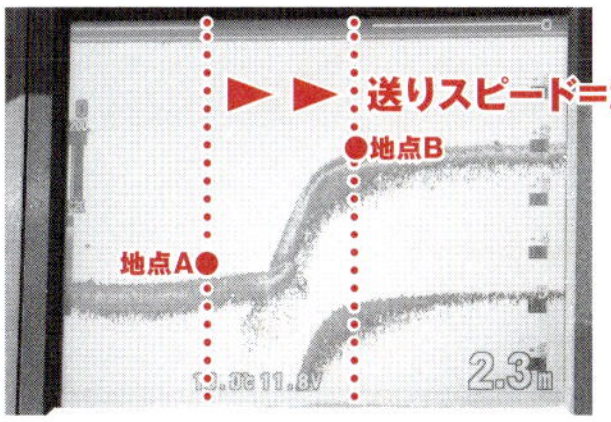

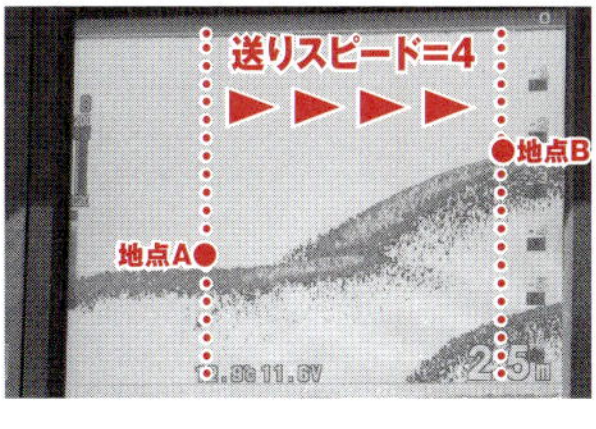

「送りスピード」による映り方の違い

上の写真は画面の送りスピードを「2」にしたときの魚探画面。ボートが地点A→Bを移動しているあいだに画面をゆっくりと進めているので、ブレイクが急傾斜であるように映る(地形が圧縮されるイメージ)。

一方、画面の送りスピード「4」で同じブレイクを通過したときのものが下の写真。ボートは同じ地点A→B間を通過しているが、画面がスピーディーに流れていくので、ブレイクの傾斜がなだらかであるように表示される。設定する画面の送りスピードは速くても遅くてもかまわないが、慣れるまでは一定のスピードに固定しておいたほうが魚探の感覚をつかみやすい送りスピードを遅くすると、地形変化は圧縮したようなかたちで画面に表示される。だから上の画面のほうが、あたかもブレイクの傾斜が急であるように映っている。

ところが、送りスピードを速くすると同じ場所でも「なだらかなブレイク」のように映ってしまう。で、実際の地形がどうなっているかは……潜ってみないとわからない。

それでは困る、正確に知りたい！　という人がいるかもしれない。だけど考えてみれば、すべてのアングラーが同じように地形を把握する必要はないのだ。

魚探を見ながら、それぞれが自分なりに水の中のイメージを作りあげていくこと。最終的には、それが魚探の「正しい」使い方だと思う。

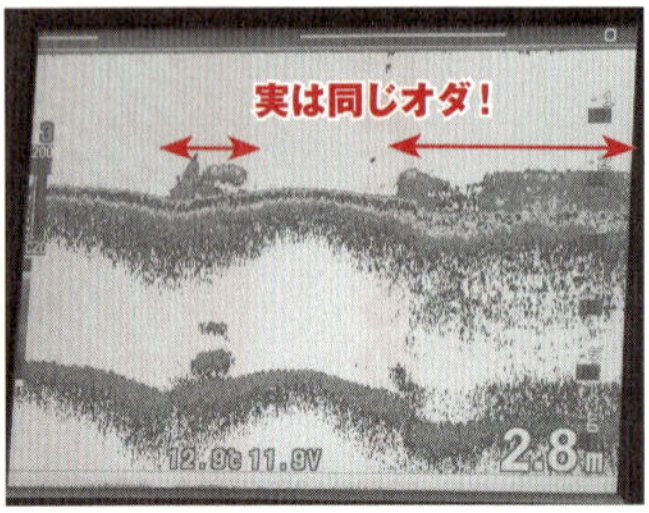
実は同じオダ！
12.9t 11.9V
2.8m
この画面には大小ふたつの地形変化が映っているが……実はこれ、同じオダを映し出したもの。最初に左のオダが映ったあと、ボートをUターンさせて同じ場所へ戻ったのが、画面右端に映っている変化である。なぜ右のほうが大きく映っているかというと、オダのほぼ真上でボートをステイしているから。ボートが動かなくても魚探の画面は右から左に送られていくので、同じ小さなオダが延々と移り続け、画面上は大きく見えているだけなのだ

「ボートの速度」と魚探の映り方

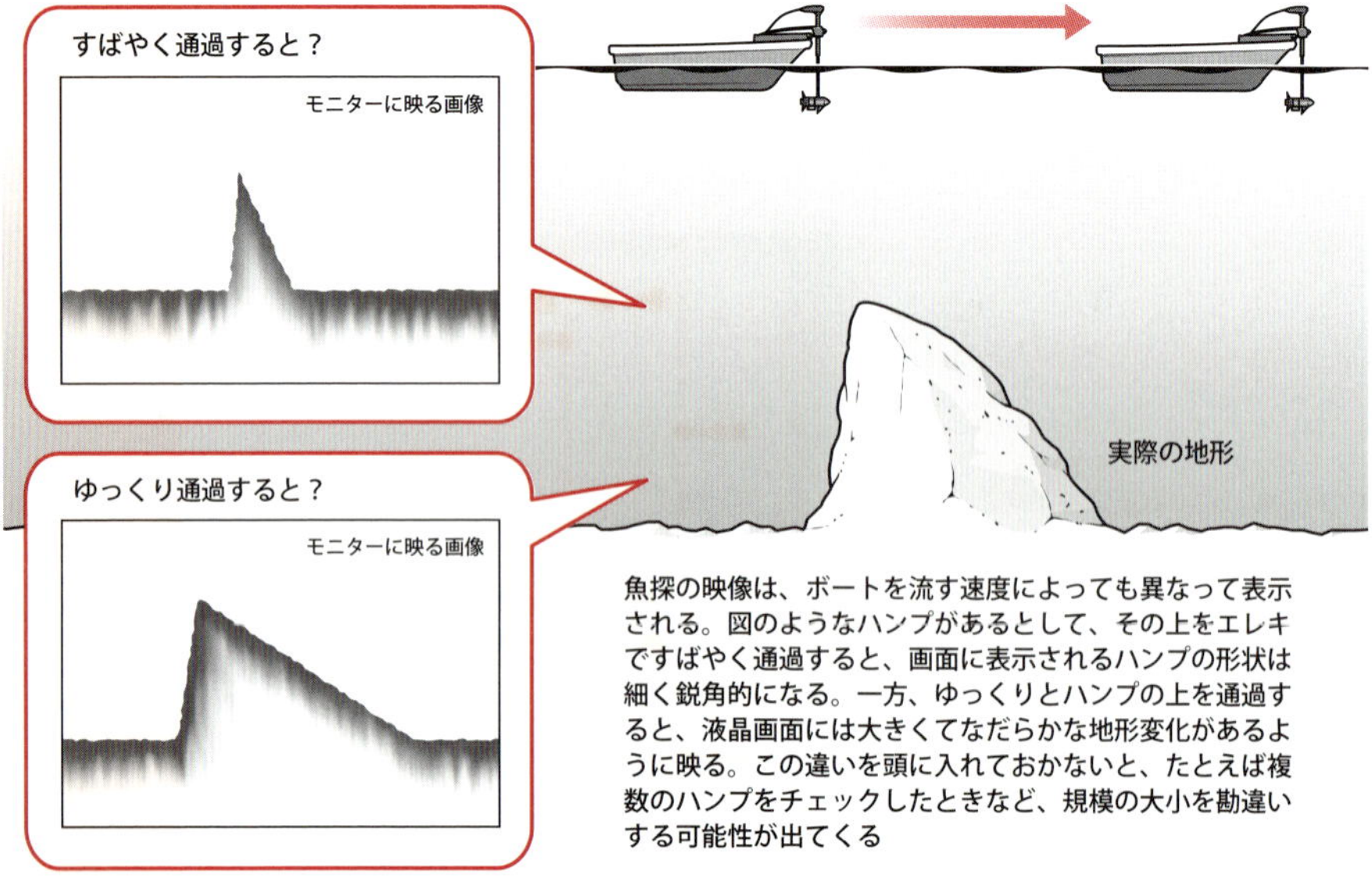
すばやく通過すると？
モニターに映る画像
ゆっくり通過すると？
モニターに映る画像
実際の地形
魚探の映像は、ボートを流す速度によっても異なって表示される。図のようなハンプがあるとして、その上をエレキですばやく通過すると、画面に表示されるハンプの形状は細く鋭角的になる。一方、ゆっくりとハンプの上を通過すると、液晶画面には大きくてなだらかな地形変化があるように映る。この違いを頭に入れておかないと、たとえば複数のハンプをチェックしたときなど、規模の大小を勘違いする可能性が出てくる

メニュー設定は「レンジ」と「ゲイン」から

魚探のメニューを見ると、意味のわからない項目がたくさん並んでいて戸惑ってしまう。いっぺんに覚えると混乱するので、まずは「レンジ」と「ゲイン」からいじってみよう。

「レンジ」というのは水深のこと。魚探の液晶画面に水深何mまで表示するのかを決める項目だ。最初は、自動的に水深を決めてくれる「オートレンジ」でOK。それに慣れたら、自分で設定を変えてみる。

たとえば水深が1mしかない場所で、「10m」まで表示する設定を選ぶのはNG。細かい地形変化がよくわからなくなってしまう。表示する目安は、おもな水深の約2倍。このケースだと水深2～3mに設定するのが正解だ。

実際の水深より深めに設定しているのは、「二次反射」を画面で確認するため。「二次反射」というのは、ボトムから跳ね返ってきた魚探の音波が、ボートの船底などでさらに反射して再びボトムへ向かい、最初の音波から少し遅れて戻ってくること。振動子から出た音波がボトム～ボート間を2往復して戻ってきたもの、といってもいい。

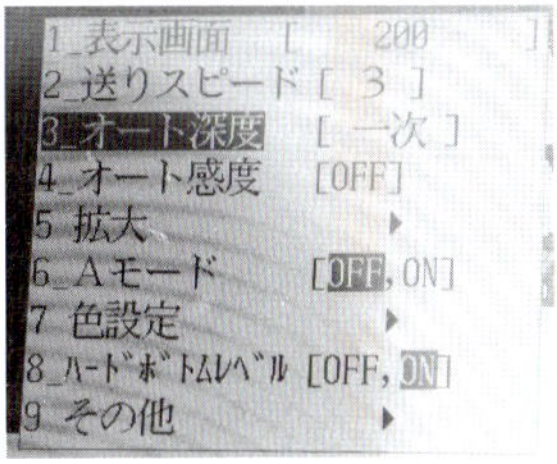

レンジはマニュアルで設定できるほか、水深に応じて自動的に表示を切り替えてくれる「オートレンジ(オート深度)」というモードもある

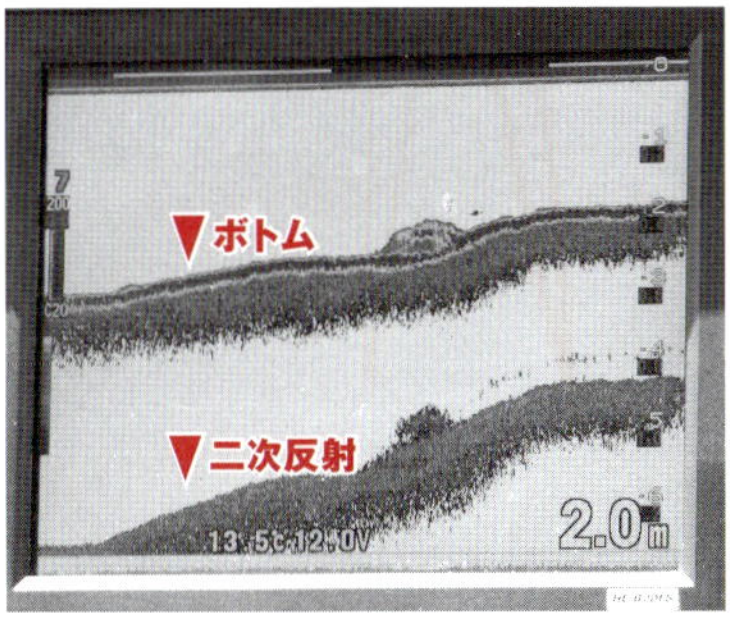

水深6m強までボトムが映るようにレンジの設定を変えた。これならボトムも二次反射も確認しやすい

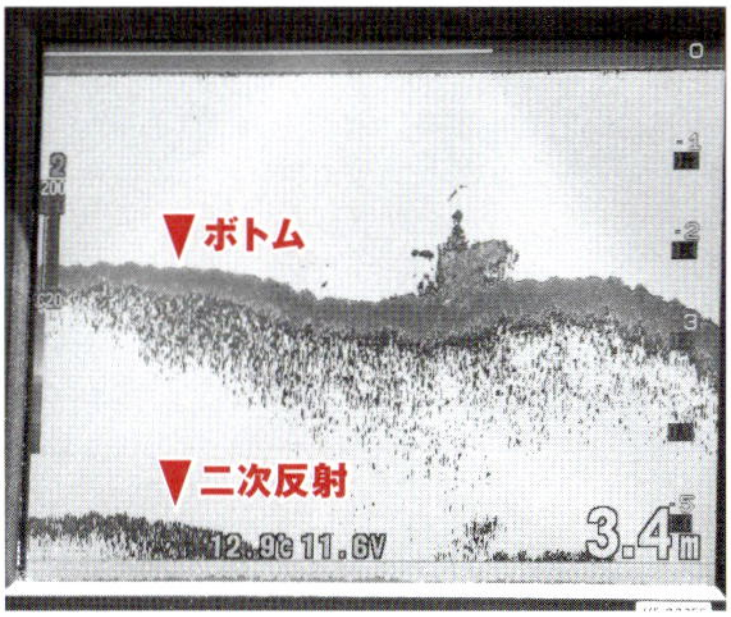

この画面では、表示するレンジの設定が5m強になっている。ボトムは映っているが、二次反射がよく見えない部分があるので、もう少し深いところまで表示したい

二次反射は、ボトム[※1]が硬ければ硬いほどはっきり表示されるので、ハードボトムの有無を判別する材料になる。

感度設定「ゲイン」とボトムの硬さ

「ゲイン」というのは、魚探の音波が拾った映像をどの程度の感度で表示するか、という項目だ。これもレンジと同様に最初は「オート」にしておけばいいが、任意で設定することを覚えると、さらに画面が見やすくなる。

まずはどんどんゲインを上げてみよう。液晶画面全体が濃くなっていき、中層に「点々」のようなものが現われてきたりする。それまで映っていなかった水中の浮遊物やゴミなど、わずかな変化まで映し出すようになるからだ。

ここまで感度を上げてしまうと、映っているのがベイトフィッシュなのかゴミなのか、なんだかよくわからなくなる。そこで僕の場合、ゲインの目安は「二次反射はしっかりと映っているが、三次反射[※2]は映らない」程度に設定している。

慣れないうちは、浅い場所でロッドを水に突っ込んで、ボトムの硬さを確かめながら画面を確認するのもオススメだ。ボトムが岩やコンクリートの場所

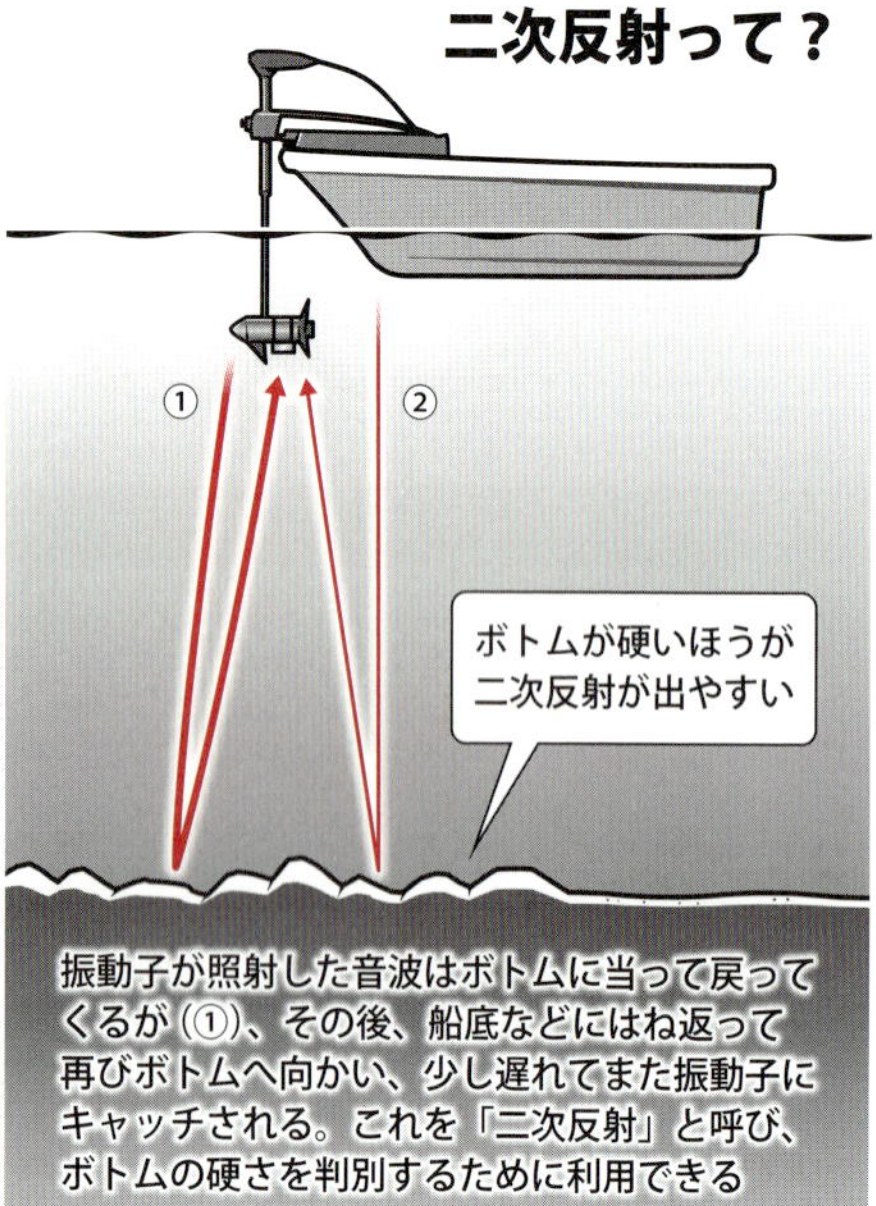
二次反射って？
①
②
ボトムが硬いほうが
二次反射が出やすい
振動子が照射した音波はボトムに当って戻ってくるが（①）、その後、船底などにはね返って再びボトムへ向かい、少し遅れてまた振動子にキャッチされる。これを「二次反射」と呼び、ボトムの硬さを判別するために利用できる

※1　ちなみにボトムが同じ硬さでも、水深が深ければ深いほど、画面に出る反応は弱くなる。音波が届くまでにパワーロスがあるためだ。ゲインを一定にして使う人もいるが、僕の場合は水深に応じてこまめに調整している

※2　「三次反射」というのは、二次反射で返ってた音波が、さらにもう1回ボトムに当ってはね返ってきたもの。画面上では、ボトムと二次反射のあいだにうっすらと表示される

ではどんなふうに映るのか。砂地ならどうか、ドロ底なら？　実際の硬さと映像を見比べつつ、硬さの変化がイメージしやすいようにゲインをいじってみよう。

そのほか、桧原湖のようにワカサギの多い場所では、その映り方を基準にすることもある。どの場所でも常にワカサギが映ってしまうような高い感度設定では、画面が賑やかになるだけで役に立たない。そこで「群れが大きいときだけ、チョロチョロ映る」くらいの感度にしておくわけだ。

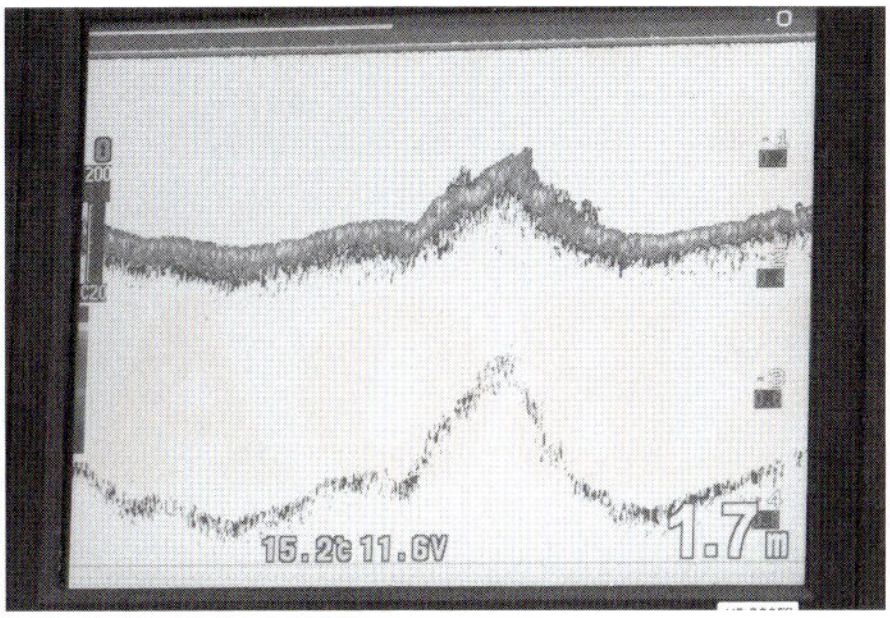

「感度ゼロ」でも、水深が浅ければうっすら二次反射が出ている。しかしこのまま深い場所に移動すると二次反射が消えてしまうので、もう少しゲインを上げたほうが使いやすい

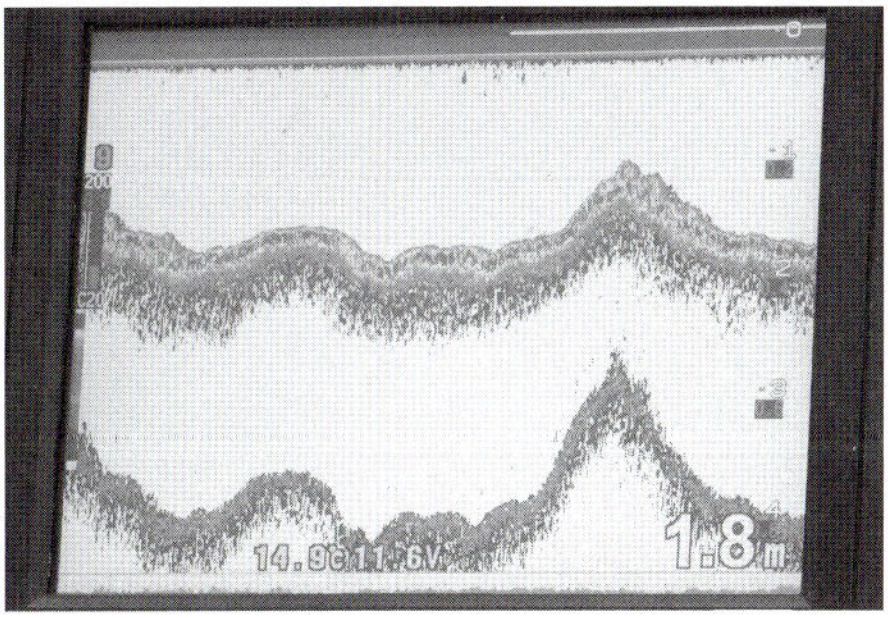

上とほぼ同じ場所でゲインを「感度９」に上げてみた。二次反射もハッキリと出て、これなら使いやすい。

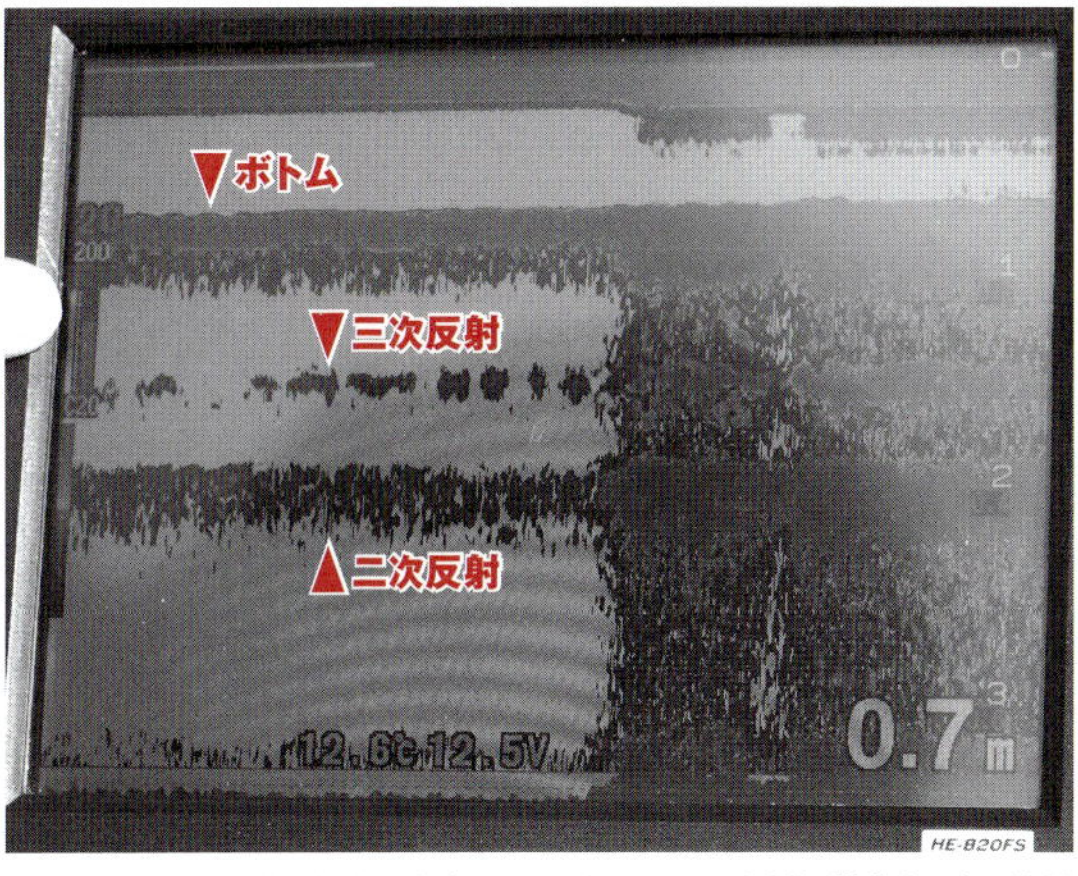

ボートを流しながらゲインを変えてみた。画面の左側が「感度８」の状態だ。このときは二次反射と、うっすら三次反射も出ている。これを途中で「感度20」にしたのが右側。感度が高すぎて、何がなんだかよくわからない

ENGINE & MOTORBOAT

#05 エンジンでGO!

エンジン付きボートのメリット

言い訳のできないバス釣りがしたい

＃02までは、おもにエレクトリックモーターだけを動力にしたボート釣りを紹介してきた。亀山湖や高滝湖のようにエレキ限定というルールが定められているフィールドも多い。日本のレンタルボート文化においては、やはりエレキだけを使うスタイルが主流になっているからだ。

とはいえ、もし僕が「エレキ船とエンジン船、どちらでもいいですよ」と言われたら、間違いなくエンジン船を選ぶだろう。エンジンのほうがスピードが出るからでも、船が大きいからでもない。「バス釣りの選択肢のなかに言い訳を残したくないから」というのがいちばんの理由だ。

いうまでもなく、エレキ船よりもエンジン船のほうが行動範囲は広がる。遠くまで行けるのはもちろん、大きくて安定性のあるエンジン船だから可能な釣り、というのもある。いい感じの風が吹きつけるストレッチでスピナーベイトを巻きたいのに、エレキ船だから波が高くて釣りにならず風裏へ避難……なんてことになったら、ストレスが溜まってしょうがない。

「今、あの場所に行きたい」「こんな釣りがハマるんじゃ？」というひらめき

エレキだけを使用する場合、ボートは大きくても14フィートまで。ストレスなく釣りをするには1～2人乗りが限界だろう。エンジン船であれば最大で20フィートを超えるバスボート、3～4人乗りまで選択肢が広がる。釣りができるエリアの差も歴然だ

を即実行に移していくのが僕の釣りのスタイル。「行ってみたいけどボートが小さくて行けなかった」と妥協をするのは絶対にイヤなのだ。

エンジン船といっても、いきなり大型のバスボートに乗るのでなければ、感覚的にはエレキ船を操縦するのと大差ない。まずはエンジンの基本的な扱い方と、走行時の注意を押さえておこう。

航路や禁止エリアを確認する

エンジン船に乗って釣りをする場合、まず最初にそのフィールドの「決まりごと」を把握しよう。エレキ船の場合でも、湖によっては釣り禁止のエリアがあったりするが、エンジン船はさらに多くの規制が定められていることが多い。

レンタルボートを借りるなら、たいていお店にフィールドマップが置いてあるので、航路（エンジン船の走っていいコース）や侵入禁止エリアなどをチェックしよう。たとえば河口湖や山中湖では季節によって「保安区域」（動力船の航行禁止区域）が決まっていて、エンジン船はNGだが手漕ぎボートならOK、というエリアがある。

漁師さんのいるフィールドでは、釣りをしてはいけない網やイケス、漁具への接近禁止距離などにも注意しよう。また、周囲の民家への配慮から「早朝は

河口湖や山中湖では「保安区域」と呼ばれる、動力船の禁止エリアが設定されている。手漕ぎボートは入ってもOKなので、あらかじめルールを知らないとエンジン船もうっかり侵入してしまう恐れがある

エンジン禁止」といった規制があるケースも見られる。

わかりづらいのが「このエリアはスロー走行、ワンド内はデッドスロー」などと書いてある場合だ。基本的には「スロー＝プレーニングしない速度」「デッドスロー＝ギアを入れただけのアイドリング状態」という理解でいいが、異なるローカルルールが定められていることもあるので、ボート店などであらかじめ聞いておこう。レンタルボートがないフィールドでは、全国にある日本バスクラブ（NBC）の支部（チャプター）に問い合わせてみるのもいい。

防寒着にニット帽、ネックウォーマー、そしてゴーグル。やりすぎじゃない？　と思われそうだが、冬にバスボートで釣りをするなら当然の装備。スピードの出るエンジン船は走ると寒いのだ

ボートの予約と持ち物

レンタルボートを予約し、営業時間を確認するといった流れはエレキ船と同じ（8ページ）。料金はボートのサイズやエンジンの馬力数によって異なり、エレキだけのときよりも少し割高になる。なお、琵琶湖などエリアの広いフィールドでは、ガソリン代が別途必要なこともある。

必要な持ち物はタックル、バッカン

イケスや網など、漁師さんが使っている道具には極力キャストしないこと。また観光船やレンタルボートの桟橋も、フィールドによっては釣り禁止のところがあるので注意

などの防水ケース、ライフジャケット、食料など。ボートが広ければ荷物もたくさん積めるが、あまり重たくなるとプレーニング※しなくなって速度が出ないボートもある。

また、走行中はエレキ船よりも強い風を受けるので意外と身体が冷えやすい。防風性のあるウェアを用意したり、寒い時期はネックウォーマーやグローブ、ゴーグルがあると快適だ。

まずは「キルスイッチ」

それでは、実際のエンジン船の動かし方を解説していこう。

今回紹介するのは、霞ヶ浦本湖のマルトボートさんでお借りした全長12フィート、9馬力クラスのエンジン船だ。エンジン本体に繋がっているバーを握って操船する方式で、これを「チラーハンドルタイプ」と呼ぶ。おもに馬力数の小さなボートに採用されている方式だ。

なお、バスボートなど馬力数の大きな船は自動車のように丸型のハンドルが搭載されていることが多く、「ステアリングタイプ」などと呼ばれる。

さっそくエンジンを掛けたいところだが、その前に確認！

ボート店によっては、いったん栈橋からエレキで離れ、沖でエンジンを掛けるルールになっていることがある。特に決まりがなくても、栈橋の水深が浅

※「プレーニング」
加速したボートが浮き上がって水面を滑るように走ること。水の抵抗が少なく、全開で走行するときの理想的な状態

キルスイッチは、万が一運転中に落水したときにエンジンを停止してくれる、いわば命綱。車に乗ったらシートベルトをするように、エンジンを掛ける前にはキルスイッチを忘れずに！

かったり、多くのボートで混雑しているときは、エレキで少し沖に出たほうがいいだろう。

エンジンを掛けるときはエレキをデッキ上に引き上げること。水中に下ろしたままだと、水圧や障害物によってシャフトやペラを損傷する恐れがある。

そしてもっとも重要なのが「キルスイッチ」だ。ライフジャケットの項でも解説したが（33ページ）、これは、万が一走行中のボートから落水した際でも、自動的にエンジンが切れるように考案されたアイテム。キルスイッチの端をエンジンの一部に差し込んでおき、もう一端はコードを介して操船者の身体（ライフジャケットなど）に繋ぐ。コードを引っぱるとキルスイッチがエンジンから抜け、停止する仕組みである。

キルスイッチを身に付けないでエンジンを掛けるのは絶対にＮＧだ。

エンジンを掛ける前にエレキはかならず引き上げること！　走行の妨げになるうえ、モーターやシャフトを損傷する原因になる

エンジン船を動かす手順

エレキを上げ、キルスイッチを身につける

チラーハンドルをひねるとアクセルが開く。これが「最小」の状態になっているのを確認。

エンジンをかける際はギアを「ニュートラル」にしておく

スターターロープ(エンジンを点火するためのロープ)の取手を握る。反対の手は身体を支えておく

スターターロープを引く。はじめのうちは勢いよく引っぱる必要はない。途中で抵抗を感じて重くなるまで、ゆっくり引こう

ロープの引き抵抗が重くなったところで、力を入れてまっすぐに引っぱる！　うまく点火すればエンジンが動き始める。ダメだったらもう一度繰り返す

エンジンが正しく始動していれば、冷却水がこんなふうに吐き出される。なお、この排水口が詰まるとエンジンが焼きつくので注意。ビニール袋が絡みついて……といったトラブルもたまにある

いよいよ発進！　まずはギアを「前進」に入れる。アクセルはかならず「左手」で握り、反時計回りにひねるとボートが前進する。右手はボートのヘリなどを持って身体を支えよう

ハンドルを右手で握るのは間違い！

なお、エンジンによってはスターターロープを引く代わりに、スイッチを押すだけで点火できる「セルモーター」が備わっているものもある

エンジンを停止するときは、アクセルを閉じてスピードを落とし、ギアを「ニュートラル」に入れ、キルスイッチのところにあるボタンを押す。あるいはキルスイッチを抜き取ってもOK

エンジンが掛からないときは?

1　キルスイッチが外れていないか?

気づかないうちに抜けていることも。きちんと差し込むこと

2　ガソリンが届いてないかも!

ガソリンタンクからエンジンへ、燃料が届いていないこともある。プライマリーポンプを数回押してみよう

3　エアーキャップを確認

ガソリンタンク上部には空気を通すための弁があり、これが締まっているとガソリンがエンジンに送られない。基本的にはボート屋さんが開けているはずだが、念のために確認しよう

4　チョークを引く&戻す

なかなかエンジンが始動しないときは、「チョーク」を引いた状態で再びロープを引いてみよう。これは点火プラグを燃料で濡らして掛かりやすくする機構だが、チョークを引きっぱなしだとプラグが「カブる」（燃料でベタベタになって点火しない）状態になってよろしくない。エンジンが掛かったら、すぐにチョークを戻すこと

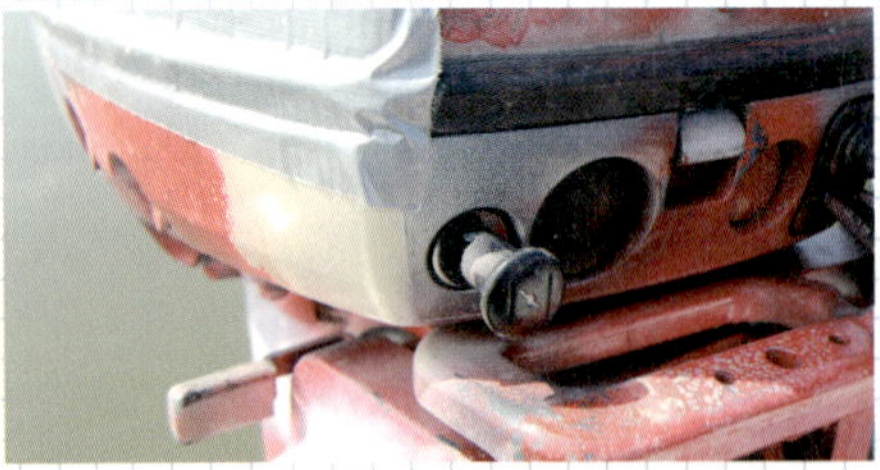

通常時のチョーク

チョークを引いた状態。エンジンを掛けたら、すぐに元に戻すこと

エンジン船に慣れていない人、たまにしか乗らないという人は操作方法をしっかり教わってから乗ろう。「使ったことあるから大丈夫」という態度の人がいちばん危ない。不注意からボートを壊してしまうと、数十万～百万円単位で弁償するハメになることもあるぞ

エンジン船の運転

走行中の姿勢と注意

エンジンが掛かったら、ハンドルを操作してボートを進行方向に向ける。前後左右に障害物や他船がいないことを確認してから、一気にアクセルを開け、トップスピードに乗せよう。

エンジン船はスピードを上げるにつれて徐々に船体が浮上し、やがて水面から浮き上がったような状態になる。これを「プレーニング」「プレーンする」という。水との摩擦抵抗が少なく、安定して走行できる理想的な姿勢だ。

ただし、低馬力のエンジンと大きな和船の組み合わせだったり、荷物や搭乗人数が多すぎるとプレーンしない場合もある。ふたり乗りの場合は、ひとりが前方に座って船のバランスを水平にするとプレーニングしやすい。

走行中は、遠くの建物などを目印にするとまっすぐに走りやすい。ただし1ヵ所を見つめ

ハンドルを右へ
ハンドルを左へ
ボートは右へターン
ボートは左へターン
走行中はこんな感じ。ハンドルを右に動かすとボートは左へ、ハンドルを左へ動かすと右にカーブする

Hokuso Marine
エンジン付きのアルミボートでプレーニングした状態。ほとんど水面から浮かび上がっている

すぎると周囲への観察がおろそかになる恐れも。背筋を伸ばして前方へ向かいつつ、キョロキョロと周囲を見渡して常に安全を確認しよう。

また、岸の近くを通るのも避けたい。たとえばベンド部分で最短距離を走ろうとしてインサイドぎりぎりを走ってしまうと、不意に浅くなっていて座礁するおそれがあるし、カーブの先に釣り人がいるかもしれない。見通しがよく開けたコースを走るのが鉄則だ。

もうひとつうっかりしやすいのが、移動時のタックルや荷物の整理。デッキ上にルアーを置きっぱなしだったり、ロッドをきちんと並べておかずに走り出すと、風で飛ばされたり転がって破損することがある。

引き波に気を遣おう

狭いフィールドでは、ほかのボートやオカッパリアングラーの横を通るケースもあるだろう。スピードを上げたままだと、引き波で迷惑をかけてしまう。こういうときは少し手前からスピードを落として、ほかのアングラーからできるだけ離れつつ、ゆっくり通過すること。後ろをふり返ってみると、意外に大きな波が発生していることがわかるはずだ。

引き波は他人だけでなく、自分の釣りにも悪影響を及ぼす。たとえば目指すポイントに到着したとき、トップスピードのまま近づいて

ロッドベルトがあるなら走行中はしっかり固定しておこう。設置されていない場合も、風や波の衝撃で落っことさないように荷物を整理すること

走行中は背筋を伸ばして前方を見ながら、ときどき左右や後ろにも顔を向けて、障害物や接近するボートに注意する。雨のときなどは偏光グラスやゴーグルがないと目を開けづらい

トリムの調節

ほとんどのエンジンはトリム(水平方向の角度)を変えることができる。浅い場所でエンジンがスタックするようなら持ち上げておくといい。また、走行中に異音があった際なども、この方法でエンジンを持ち上げ、ペラにゴミなどが巻き付いていないか確認する

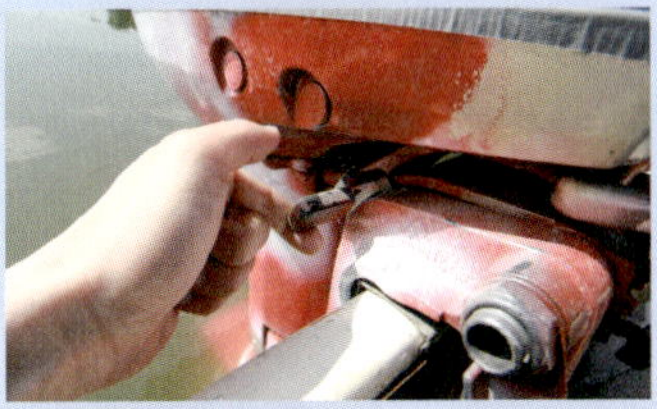

エンジンの種類にもよるが、チラーハンドルタイプの多くは写真のようなバーが付いていて、これを持ち上げるとトリムが調整できる

バーを上げた状態でエンジンを持ち上げる(もちろんエンジンを切ってから行なうこと!)。上げたまま固定することも可能。エレキで釣りをしていて、エンジンがボトムをこすってしまう場合はこのようにする

ショアラインの近くを走ったり、狭い河川を通過するときは岸際に人がいないかどうか注意して、必要があればスローダウン。引き波で迷惑をかけないようにするのがマナーだ

急に停船すると、引き波で自分の釣り場を荒らしてしまいかねない。特にシャローカバーを撃つようなときはサイアクだ。

ねらうシチュエーションにもよるが、目指すスポットに近づいたら、20〜30m離れた位置でエンジンを停止するのがベスト。そのままでも惰性でボートは近づいていく。あとはエレキを下ろして静かに接近しよう。

ねらうスポットのかなり手前で速度を落としてエンジンを切り、あとは惰性とエレキで近づこう。ショアライン沿いのスポットをねらう場合は、岸側でボートを止めるより、少し沖側から接近するほうがいい

中級編

ボートを操る！

操船術ステップアップの秘訣

当たり前のことだが、フットペダルから足を離したほうが釣りの動作はしやすい。疲れにくくなるから集中力も持続する

惰性を利用したエレキの操作

ボートの操作がうまい人というのは、釣りをしている姿勢を見ればすぐにわかる。エレキの踏み方が「トロトロ……トロトロトロ……」という感じでムラがなく、一定のスピードを保っているからだ。

一方で「ウイーン！→ストップ！→ウイーン！」という感じの、オンオフが激しい操船はあまりよろしくない。こういう人はたいてい必要以上のパワーでエレキを動かしていることが多く、水中の魚に余計なプレッシャーをかけてしまっている。

ボートの動きが安定しないから、キャストやアプローチのリズムも悪くなるだろう。思ったよりも前進しすぎたから慌ててバック、なんていう操船はサイアクだ。

まず見直したいのはエレキのスピード調整。ダイヤルの数値を、これまで使っていたよりも少し遅めに設定してみよう。最初はもどかしく感じるかもしれないが、そのくらいのスピードが適切というケースも多い。当然、バッテリーの持続時間も長くなる。風や流れによっても最適なスピードは変わるので、こまめにダイヤル調整をしてやることもポイントだ。

それからもうひとつ、あなたはフットペダルに常時足を置いていないだろうか？　基本的なことだが、エレキはずーっと踏み続けるものではない。惰性を利用しつつ、できるだけ踏まないほうが釣りの動作はしやすいはずだ。ペダルを踏みながらキャストやフッキングをするのは、階段に片足を乗せながら小説を読むようなもの。どう考えても人間にとって辛い姿勢なのだから、必要なとき以外はペダルから足を下ろしてやったほうがいい。

レンタルボートユーザーのなかには、専用のデッキを作ってフットペダルの位置を低くし、両足をフラットに保てるように工夫している人もいる。それと似たアイテムで、僕が便利だなと感じたのはサウザーの「フットコンマウント」というもの。凹型になった箱状の台で、へこんだ部分にペダルを置いて使うと、エレキを踏んでいても左右の足がほぼ同じ高さになる。非常に疲れにくいうえ、視点が高くなって水中が見やすくなり、ピッチングやサイドキャストがしやすいというメリットもある。

サウザーの「フットコンマウントダブル」。中央の凹みにエレキのフットペダルを置き、両脇に立つ。ペダルが踏みやすくなり、視界も広がるアイテム。ハイデッキよりセッティングが簡単なのもいい

レンタルボート用に作られたデッキの装着例。視界が広くなるうえ、ペダルを置く場所が凹んでいるので操作しやすい。ただし重心が高くなってふらついたり、落水の危険性が高くなるのがデメリット

波に対しての走り方

大型の漁船や観光船の走っている水域では、不意に大きな波がやってくることがある。バランスを崩しやすいので、止まって釣りをしている最中でも注意が必要だが、問題はエンジンやエレキで走行中に波を受ける場合だ。波の方向に応じて、自分のボートの走り方を調整しなければならない。

正面から波が来ているときは、少しスピードを落としつつ、基本的にはそのままの方向で波を乗り越えていく。

また横方向から波が来る場合、ボートの側面で波を受けてしまうと左右に大きく揺さぶられてしまう。こんなときは船の先端を波に向けて、できるだけ正面で波を受けるようにするといい。

ただ、暴風時など非常に高い波があるときは、正面からぶつかると危険なケースも。乗り越えたあとに先端から突っ込んだり、フロントから大量に水が入って沈む「バウ沈」になってしまったりする。このような場合は波に対して斜めに入っていくのだが、あくまでこれは経験と熟練が必要な上級者向けの操船方法だ。そこまで荒れている日は、そもそ

波のある状況で走るときは、ボートの正面（もしくは少し斜め）で波を乗り越えるようなコースを選ぶのが基本（A）。横から波を受けてしまうと（B）、左右に揺さぶられやすい。また、真後ろから波を受ける場合はコントロールが利かなくなる恐れあり（C）

ブッシュをフリッピングで撃っているところ。バスと僕の距離はわずか4～5m、それでも静かにアプローチすれば食ってくれる

も釣りに出ないほうがいい。

ちなみに、大型のバスボートを運転していてもっとも危険を感じるのは、自分の真後ろから迫ってくる追い波。横波のほうが揺れが大きくて体感的には怖いのだけれど、追い波に乗ってしまうと、舵のコントロールがまったく利かなくなるという恐怖感がある。

バスはボートにビビるのか?

水が濁っていればある程度バスに近づいてもOK。クリアだったら気づかれやすいので、なるべく遠くからアプローチする……というのが定説だが、「バスの真上にボートがいても、釣れるときは釣れる」というのが僕の考えだ。

ボートや人間がバスに近づきすぎると、たしかにバスはルアーに反応しづらくなる。でもそれはこちらの存在にビビっているというよりも、「ほかに気になるものがあるからルアーに集中できない」という状態だ。

たとえば……帰宅中の男子中学生が田んぼのあぜ道でエロ本を発見！ そっと近づこうとしたら、急に上空からヘリが「ドドドドド！」と急降下してきた!? ……みたいな状況に似ている（かも）。いったんはヘリ（＝ボート）に気を取られてしまうが、静かになったら再びエロ本（＝ルアー）に近づく可能性は大である。

そもそもボートが近くに来たからといって、魚が逃げ出すとはかぎらない。バスは好奇心の強い魚なので、ボートや魚探の振動子（カチカチと音を立てている）に興味を持って接近してくる場合がある。ダイバーが水中に潜ると、ようすを見に近寄ってくることさえあるらしい。

そんなわけで、特にシャローで釣りをする場合、ほとんどエレキを踏まずに近づけばボートから数mのところでバイトさせることも不可能ではない。注意したいのは、エレキのペラの水流をバスやカバーに向かって当てないこと。ねらうスポットに近づきすぎたと思っても、ガマンしてエレキを踏まないほうが結果的にはプレッシャーを与えないことが多い。

流れや風があってボートをステイしづらいときは、エレキをわざと浅瀬やブッシュなどに引っ掛け、固定してアプローチするのも手だ。

操船に不慣れなうちは、うまく距離を保てなくて釣れそうな場所を潰してしまうこともあるだろう。せっかく近づいたのだから、そのスポットのようすをよく観察しておいて、時間を置いて入り直すといい。

フッキングとボートの関係

オカッパリとボートの違いのひとつに、フッキングパワーの伝わり方がある。陸地に立って釣りをしているときは足場が動かないから、10の力で合わせればおよそ10の力がフックに伝わるだろう。

ところがボートは水に浮いているだけなので、フッキングすると、その力の反作用で自分もバスのほうに引っぱら

慌ててバックするとバスのいる方向にペラの水流が当たることになり、余計にプレッシャーをかけてしまう

バックすると……

ボート操作を誤ってねらうスポットに近づきすぎたら、それ以上エレキを踏まずにとりあえずキャストしてみたほうがいい

れることになる。特にボートが小型なほどパワーロスしやすい。フローターやゴムボートに乗ったことのある人はよくわかるはずだ。

だから「ボートに乗ると、なぜかよくバラす」という人は、基本的にオカッパリよりも鋭く強いフッキングを心がけたほうがいい。バスプロの映像を見ていて、ロッドが折れそうなほど激しくフッキングしているように感じたことはないだろうか？　釣りの種類にもよるが、スピニングやベイトフィネスでなければ、フルパワーで合わせたほうがうまくいくケースが多い。

ボートに乗ったら、オカッパリより確実なフッキングを心がけること。特にシングルフックを使ったパワーフィッシング系だと、フッキングの上手下手が如実に表われやすい

アワセ方を変えるのが難しければ、オカッパリよりワンランク強いタックルバランスにしてみるのもいいだろう。たとえば、ミディアムパワーのロッドからミディアムヘビーに。12ポンドラインだったのを14ポンドにしてみたり。ちなみに、魚がデカければ向こうの重みでフッキングが決まりやすいが、小さいバスだと余計にフックアップしづらい。

ファイト中、ボートは障害物になる

ボートで魚を掛けた場合、ファイトとランディングに関してはオカッパリよりも自由が利くことが多い。バスの動きに応じてボートの向きを変えることができるし、急に走られても対処しやすいからだ。

たとえカバーやウイードに巻かれてしまっても、フックが外れさえしなければボートを近づけてやればいい。ドラグを利かせてバスを自由に走らせることができれば、スピニングで2〜3ポンドという細いラインが使いやすいのもボートならではのメリットだ。

ただし、ときにはボートの存在自体がランディングの妨

せっかく掛けた魚に走られ、ラインをエレキに巻かれてジ・エンド……というのは、ボート釣りビギナーにありがちな話だ。釣れたらどういう手順でランディングするか、常にイメージしておくことが大切

げになる。その第一がエレクトリックモーター。水中に1m近く突き刺さっているこの物体は、ファイト中にラインを引っ掛けてしまいやすい。バスがボートの反対側に走ったときなどはロッドティップを水中に深く突っ込み、ラインがエレキに絡まないように対処しよう。

ふたり乗りでバックシートから釣っているときは、エンジンにも要注意。船底や、ときにはボートべりから飛び出したロッドが邪魔になることもある。ボート上の荷物はなるべく整理して、安全な足場を確保できるようにすることも大切だ。ファイト中、デッキに転がしておいたルアーが足にぐっさり……（涙）、というトラブルも珍しい話ではない。

ボートを「足で引っぱる」という感覚

ショアラインから一定の距離を保って流していきたいのに、蛇行したり、ふらついてしまう、という人がいると思う。エレキの操作が思うようにいかないので、ペダルやヘッドの矢印をしょっちゅう確認してしまい、どんどん釣りに集中できなくなる……

エレキを踏むときは、1点を注視するのではなく「ねらうスポットとの全体的な距離感」をつかむように。人によって釣りやすい操船方法は違うのだから、考えすぎないことも大事。習うより慣れろ！

そんな悪循環に陥りがちだ。

慣れないうちは矢印を確認しながらでもかまわないが、最終的には「目をつむってもエレキが操作できる」という感覚を身につけたい。無意識に足が動いてボートをコントロールできている状態だ。

いちばんのコツは「頭で考えすぎないこと」。あっちに行きたいから、ペダルで方向を定めて、スイッチを踏んで……というように操作の手順をバラバラに考えていると、余計にぎこちなくなる。

ペダルを踏みながら、できるだけ視線を上げて足元を見ず、「足でボートを引っぱっていく」というイメージを持とう。これを続けていると、いつの間にかエレキが身体の一部みたいになっているはずだ。

「視線を上げて」と書いたが、これもスムーズな操船には欠かせないポイント。うまい人ほど、一点を見るのではなく『対象との全体的な距離感』を見るようにしているものだ。

たとえば、地形の入り組んだ岸際を流していく場合。目の前にあるショアとの距離ばかり気にしていると、ついボートポジションを細かく修正しようとして、エレキのオンオフが頻繁になり、結果的にギクシャクした動きになってしまう。「木を見て森を見ず」というヤツだ。

そうではなくて、なんとなーく全体を見ながら操船する、というのが上達のコツ。

「ちょっと離れてきたかな……寄せなきゃ（エレキを少し踏む）……こんなもんかな……流されそうだな（またちょっと踏む）……」というようなことを、普段の僕はキャストしながら考えている。

足の感覚だけで操船できるのが最終的な目標。まずは、エレキのヘッドをいちいち見て方向を確認するのをやめよう！

エレキの得手不得手はフリッピングでバレる?!
めざせ本物のフリッパー!

前のページで、エレキを上手に操作するには「対象との全体的な距離感」をつかむのが大事だ、と書いた。これは具体的な技術ではなく、感覚的なことなのでなかなか説明しづらいのだが、自分がうまくエレキを操作できているかどうか判別する方法がある。それが「フリッピング」だ。

フリッピングというのは近距離からアプローチする方法のひとつで、リールから引き出したラインを手で持ち、ルアーを振り子のようにしてスポットに送り込むこと。正確かつ極めて静かにルアーを送り込めるため、アシ際を丁寧に撃っていく際などに多用するテクニックだ。

この動作自体はそれほど難しいことではないのだが、フリッピングを完璧にこなせている人というのは、意外に少ない。

なぜかというと、効率よくフリッピングを行なうには「ねらうスポットの水深」「スポットとボートの距離」「リールから引き出すラインの長さ」という3つの要素を、きっちりコントロールしなければならないからだ。

たとえば、水深が浅いのにリールからたくさんラインを引き出していると、フリップしたあとに余ったラインが手元に残ってしまう。これではスムーズにフッキングできない。

あるいは、少ししかラインを出していない状態で遠すぎるスポットを撃ってしまった場合。ボトムまでフォールさせるぶんのラインが足りなくなり、途中でまたラインを送り出す作業が必要になってしまう。

いずれも、本当に上手いフリッパーなら絶対にやらないことだ。ピッチングならキャストの距離で調節できるけど、フリッピングをやるとエレキ操作も含めた技術の差が歴然と表われる。

では、本物のフリッパーはどうやっているのか? 言

フリッピングを見ればそのアングラーの操船技術がわかる、といっても過言ではない。ちなみに僕も、付属のDVDでフリッピングをちょこっと披露しています

葉では説明しづらいので、You Tubeで「デニー・ブラウアー（Denny Brauer）」とか「トミー・ビッフル（Tommy Biffle）」と検索してみよう。いずれもアメリカの超一流フリッパー。一定のリズムで淡々と、しかも極めて正確に、フリッピングを続けていく映像を見てほしい。

一見簡単そうだけど、これがマネできるようになったら、実はエレキの操作も格段にレベルアップしているだろう。

START YOUR BOAT LIFE

#06 マイボートの世界へ

自分専用のボートを手に入れる

マイボートの選択肢

ここからは、自分用のボートが欲しくなった人のためのページだ。

バスフィッシング用のマイボートにはいくつかの選択肢がある。まずは全長12～14フィート前後のアルミボート。これは形状によって「ジョンボート」「Vハル」の2タイプがある。

次にくるのが小型のFRP製ボート。「FRP」というのは繊維強化プラスチックの略称で、バスボートにも使われている素材だ。

そして「ビッグアルミ」と呼ばれる、全長16フィート前後のアルミボート。12～14フィートのモデルとは、普及率や運搬方法の面で大きな違いが出てくる。

最後はもちろん「バスボート」。大きなものでは全長21フィート、約6mもある動く要塞だ。

釣りの快適さでいえば大型バスボートが断トツなのだが、費用もかなりの額になる。どんなフィールドで釣りをするのか、どのくらい予算を掛けられるか、そしてあなたがどこまでボートにのめり込みたいのか、よく考えて選ぼう。

マイボートの購入費用（新艇の場合）

ジョンボート……15～30万円
Vハル……25～100万円
小型ＦＲＰボート……25～350万円
ビッグアルミ……200～350万円
バスボート……250～1000万円

ジョンボートをカートップで運ぶ。保管用のスペースも不要だし、軽量なので上げ下ろしがラクチン。小規模フィールドに向いたスタイルだ(左ページ上写真とも)

ジョンボート(アルミボート)

マイボートのなかでいちばん手を出しやすいのは、12フィートのジョンボートという選択肢だろう。「ジョンボート」というのは、アルミボートのなかでも船底がフラットなタイプの総称。あとで紹介する「Vハル」タイプよりも軽量化しやすく、小型車でもルーフキャリアに乗せて運搬できるものが大半だ(これをカートップ、という)。

メリットは、なんといっても機動力。ふたりいれば楽に運べるし、ひとりでもドーリー(ボートを人力で引っぱる道具)があれば水辺に降ろせる。車でフィールドの周囲を巡りながら、気になったポイントがあればランチング、ダメだったらまたボートを上げて、というスタイルも可能。準備も片付けも早いし、手軽で人気の高いボートのひとつだ。

デメリットは走波性が低いこと。船底が平らなので、波を切って走る性能が低いのだ。ザブザブ

ここでは紹介していないが、ゴムボートやフローター、カヤックといった選択肢もある。いずれも止水、またはほとんど流れがない小規模なフィールド向きのボートだ

の湖面を突っ切って走る……といった使い方は無理だと考えよう。荒れた日に出船するのもNG。

また、船の幅もそれほど広くはなく、喫水も浅いため、乗る人数もふたりが限界だろう。こういった点から、比較的小規模なフィールドに向いたボートだといえる。関東でいうと、印旛沼や牛久沼、カスミ水系の流入河川あたりにはマッチするが、霞ヶ浦の本湖や利根川に出るのはオススメできない。

Vハル（アルミボート）

平底のジョンボートに対して、船底が正面から見たときに「V」の形になっているアルミボートが「Vハル」と呼ばれるタイプだ。正面の波をダイレクトに受けやすいジョンボートとは違い、波をV字に切って進む構造になっている。

プロトーナメントにアルミで参戦する選手のほぼ全員が、ジョンではなくVハルタイプを選ぶ。その理由は、走波性があり大規模なフィールドでも釣りができること、横幅があってデッキが広々と使えることなど。積載できるエンジンにも幅があり、14フィートなら数十馬力を積

船底がV字の形状になっている「Vハル」タイプのアルミボート。14フィートクラスがもっとも普及している

むことも可能。霞ヶ浦や琵琶湖のようなビッグレイクにも乗り出せる。

ただし基本的にジョンボートより重いので、カートップで運ぶと上げ下ろしがかなりの重労働になる。準備するときは楽しいからいいけど、1日釣りをして疲れたあげく、夕方に雨でも降った日には……（泣）。

そんなわけで、もし保管スペースが確保できるならトレーラーで牽引するほうが楽だ。「トレーラー」というのはボートを乗せる台車のようなもので、車の後部に接続して公道を走ることもできる。

トレーラーを使うメリットは、セッティングが楽なこと。エレキやエンジンをセットしたまま運べるし、陸上でタックルと荷物を積んでしまえばランチングも楽チン。ただし、そのフィールドにトレーラーが下ろせるスロープがあることが使用の前提になる。

なお、選択肢は12～14フィートの中古艇、もしくは14フィートの新艇がメインになる。

FRP製・小型ボート

ここまでに紹介したアルミボートと同等のサイズで、FRP製のボートもいろんなものが出回っている。いわば小さなバスボートで、けん引免許が不要なものであれば小型で10フィートクラス（2馬力以下なら免許不要で乗れ

バスボートを引っぱるにはそれなりに大きな車が必要だが、14フィート程度のアルミボート+トレーラーの場合、軽自動車を除けばおおよその車は牽引ができる。不安な場合は購入時にお店と要相談。なお、CVT(無段変速機)搭載の車は牽引を想定していない、ということも頭に入れておこう

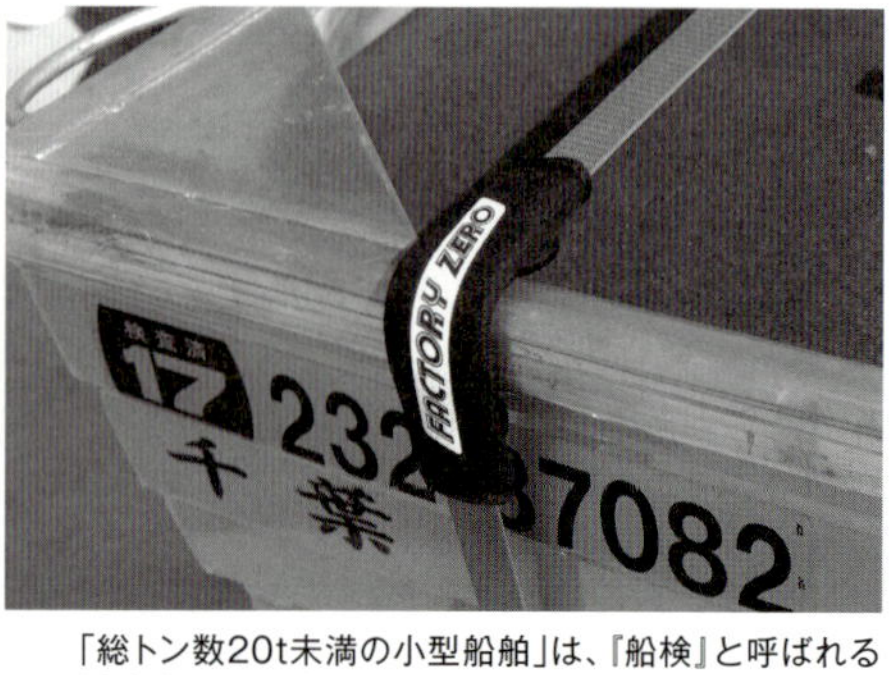

「総トン数20t未満の小型船舶」は、『船検』と呼ばれる検査を受ける義務がある(免許不要艇の場合は不要)。定期検査は6年ごと、ただし3年ごとに中間検査が必要だ。小型アルミボートであれば費用は数千円程度

る）、大きくても15フィート程度までだろう。

ＦＲＰの特性は、強く・軽く・錆びないこと。耐水性や絶縁性、熱による変化の少なさなどから、近年は航空機にも採用されている素材だ。

ただしＦＲＰにも弱点はある。操船を誤ってボートの底に傷や凹みができたら、できるだけ早く補修しないと水分が染み込んで被害が拡大しやすいし、修理にも手間がかかる。

その点、アルミなら多少ラフに扱ってもＯＫだし、万が一穴が開いたとしても修理がイージーなのだ。価格帯も、同程度のサイズならＦＲＰ製ボートのほうがやや高めに設定されている。

15フィートクラスのFRP製ボート。このモデルはトレーラーと合わせた総重量が750kg以下で、けん引免許がなくても乗れるように設計されている(エンジンは60馬力を搭載)。琵琶湖や霞ヶ浦のようなビッグレイクにも対応できるボートだ

ビッグアルミ

隠れた需要があるのでは？　と僕が思っているのが、この「ビッグアルミ」というジャンル。先に挙げたアルミボートよりふた回りほど大きい16フィートクラスで、ジョンボートと同じ平底タイプ。Vハルでは進入できない浅い湿地帯などでも走行できるため、本場・アメリカではハンティングや救急用ボートとして活躍している。

日本ではそもそも輸入されているビッグアルミの台数が少なく、注目が集まることも少なかった。しかし、近年になって関東のフィールドで徐々に増加。それには明確な理由がある。

これまで、マイボートを持つアングラーは最初に「12〜14フィートのアルミボート」を選び、さらにステップアップしたい人は「バスボート（FRP製ボート）」へ、という流れが一般的だった。

しかし、総額でも100万円以下ですむアルミボートから、モノによっては数百万円になるバスボートのオーナーにステップアップ……というのは、誰でもできることではない。そのスキマを埋めてくれる中級者向けのボートとして、ビッグアルミの人気がジワジワと高まっているわけだ。

収納スペースやデッキの広さ、安定感などは同クラスのバスボートと比べても遜色ないレベル。水深数十cmのドシャローや浅いゴロタ帯で釣りをする

16フィートクラスのビッグアルミ。平底でシャローウォーターに強いため、特にカスミ水系などで活躍する。ただし走波性能は高くないため、波の高いラフウォーターには不向きだ

なら、むしろバスボートより機動性は上かもしれない。

なお、ビッグアルミはトレーラーで牽引するのが前提だが、総重量が750kgを超えるかどうかは微妙なところ(超えていればけん引免許が必要)。エンジンを積んだときの重量も忘れずにチェックしよう。

バスボート

バスフィッシング用ボートの最終形態。それがバスボートだ。20フィートクラスともなれば10数本のロッドと全タックルが収納できるストレージを備え、多少の波風ならびくともしない安定感があり、ほとんど陸上と変わらないような快適さで釣りができる。

購入するにあたってまずネックになるのは価格だろう。新艇なら数百万円台の買い物だけに、二の足を踏む人も多い。

僕はプロガイドという仕事柄、バスボートを買うかどうか悩んでいる人に相談されることもある。そこで目安になるのは、あなたが毎月どのくらいボートにお金をかけられるか、ということだ。

たとえば琵琶湖で毎週のようにバスボートをレンタルして

バスフィッシングで使うボートの最高峰がこのバスボート。釣りのしやすさ、スピードと安定性、タックルの収納力などは随一。中古艇もたくさん出回っているので、手が出しやすい価格帯のボートもある

いる人だったら、それだけで月に5〜6万円は使っていることになる。それだったらいっそのこと、月々数万円のローンでバスボートを買ってしまってもいいい、と思う。同じバスボートでも、レンタルとマイボートを比べると楽しさは雲泥の差。

逆に、1シーズンに数回しかバスボートに乗らないというのであれば、無理をして買う必要もないだろう。

中古艇も含めれば選択肢はいろいろあるが、霞ヶ浦で乗るなら全長18フィート以上、エンジンは150馬力以上でダブルコンソールの船がオススメ。具体例をあげると、レンジャーのR81、461、チャンピオンの181などが定番だ。

購入の際はボート単体ではなく、トレーラーとセットで買うパターンが大半。総重量が750kgを超えるので、公道を走るならけん引免許が必要。ただし湖畔のマリーナに駐艇すれば免許は不要だし、自宅に保管スペースを用意しなくてもいい。

バスボートはいろんなメーカーのモデルが輸入されていて、それぞれに特性があるが、とりあえず乗ってみないとわからないことも多い。購入を考えはじめたら、バスボートを使っているガイドサービスを利用してみるのもいい方法だ。僕でよければ相談に乗りますよ！

「ボートの維持費」

本体の購入価格以外に、
マイボートを維持するための費用がかかる。

- 駐艇料＝年間10〜30万円(マリーナ保管の場合)
- 船検＝4〜5万円(初回の費用。中間検査は1〜2万円)
- トレーラー車検＝数万〜15万円
  (初年度2年、継続は1年ごと)
- ガソリン代＝走ったぶんだけ！

ボートはどこで買える？

ネットで検索、というのが手っ取り早い。

「バス釣り」「ボート」などをキーワードに検索すると、バス釣り用のボートを扱うお店がたくさんヒットする。たいていのお店は、新艇と中古の両方を取り扱っていることが多い。

そして、中古車のようにいろんなお店を取りまとめた総合サイトは存在しないので（２０１４年6月現在）、個々のウェブサイトをひとつひとつチェックすることになる。自分の住む地域やフィールドの近くにあるお店を捜してみよう。

ウェブサイトでまずチェックしたいのは、ボートのスペックや状態などが詳細に書かれているかどうか。情報をきちんと出しているところはやっぱり真面目に営業していることが多いし、ブログやFacebookがまめに更新されていれば、商品がちゃんと回ってるんだなぁということがわかる。

気になるボートが見つかったら、お店に連絡して実際に見に行ってみよう。特に中古のアルミボートは、前のオーナーの使用状況によって酷《ひど》いダメージがあったりするので、傷や凹みの有無、溶接が剥がれていないかなど、細かくチェックしてみるべきだ。

また、ボートのサイズに関しても現物を見て確認しておきたい。たとえば

新艇のアルミボートなども受注生産になることが多く、あらかじめ実物を確認できる機会が少ないのも悩ましい点だ。持っている知人がいれば見せてもらえるが、なければフィッシングショーやボートショーでチェックするか、同クラスの中古艇を見てイメージするくらいしか方法がない。やはり信頼できる販売店を見つけることが大事だ

これまで14フィートのレンタルボートをメインにしていた人が、予算に合うからといって12フィートのアルミボートを買ってしまうと「あれ、なんか狭い？」という結果になることも。

ただしここで問題なのは、アルミボートや小型FRPボートの場合、現物があっても、ほとんどの場合は試乗ができないのだ。逆にいえば試乗させてくれるディーラーは貴重であり、ボートの販売にも慣れている証だ。

車検切れの中古車と同じで、自分の目でチェックして、お店のスタッフの話をよく聞いて、納得できたら買えばいい。のちのち修理やメンテナンスに出すことも考えれば、信頼できると感じたお店で購入するのがいちばんの方法だと思う。

ちなみに、とにかく安ければいい、という人にはネットオークションという選択肢もある。相場よりかなり激安のボートが多いが、やっぱり実物を見ないと後悔することも多い。手を出すなら「ボロでもともと、きれいならラッキー」くらいの覚悟をしよう。

同じモデルの新品のボートでも、販売店ごとに微妙に価格が異なる。カラーリングやステッカーによるチューン、その他オプションの有無によって総額は変わってくる

DVD付録（35分）

バスフィッシング with ボートの教科書 バスボート編

出演：成田紀明

本書での解説に加えて、この動画を見ていただくことで、「ボートってちょっと乗ってみたいな！」と思えたり、「僕のボートライフ、こういうふうにしたらもっと快適になるな」などといった点を見つけてもらえると、とてもうれしい。

DVD付録収録コンテンツ

Chapter01
ランチング＆牽引バックの手引き

Chapter02
バスボート基本操船AtoZ

Chapter03
最新魚群探知機の特性と活用方法

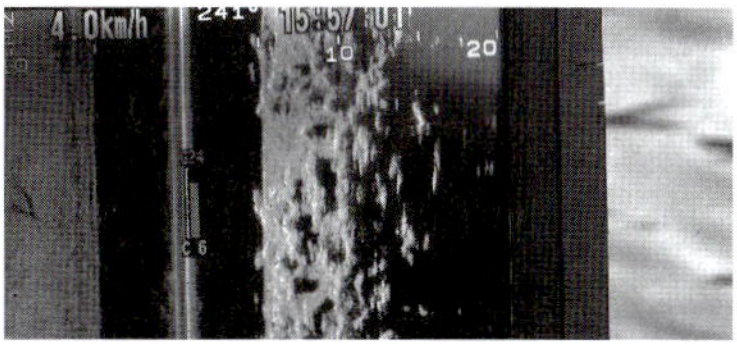

Chapter04
魚にプレッシャーを与えないボートのアプローチ方法

Chapter05
エレクトリックモーターの操船はフリッピングで鍛える

Chapter06
ランチングとドレインコックのチェック

著者プロフィール

成田《なりた》 紀明《のりあき》

1972年、東京都生まれ。小学生のころからバスフィッシングに入れ込み、16歳で船舶免許取得。霞ヶ浦をホームグラウンドとして腕を磨き、国内最高峰のトーナメントカテゴリーであるJBワールドシリーズ（現トップ50）で活躍。2006年からはアメリカでのトーナメント活動を開始、FLWツアーを戦う。

現在は霞ヶ浦水系・利根川・八郎潟でプロガイドとして活動中。ロッドやルアーの開発にも携わっており、ファンタジスタ・レジスタシリーズの生みの親でもある。得意な釣りはハードベイトやテキサスリグを主体としたパワーフィッシング。２男１女の父。

［スポンサー］

ピュアフィッシングジャパン、ゲーリーインターナショナル、ジャッカル、グラン、セイルレーシング

［ガイド情報］

TEC Guide Service　http://www.tec-guide.com/

［Facebook］

成田 紀明

バスフィッシングwith《ウイズ》ボートの教科書《きょうかしょ》

2014年９月１日発行

著　者　成田紀明
発行者　鈴木康友
発行所　株式会社つり人社

〒101 − 8408　東京都千代田区神田神保町１ − 30 − 13
TEL 03 − 3294 − 0781（営業部）
TEL 03 − 3294 − 0766（編集部）
振替 00110 − 7 − 70582
印刷・製本　大日本印刷株式会社

乱丁、落丁などありましたらお取り替えいたします。

ISBN978-4-86447-061-2 C2075
つり人社ホームページ　http://www.tsuribito.co.jp